U0736535

休闲体育项目
策划与管理

邵 伟 罗建章 谢 明 / 主编

中国海洋大学出版社
·青岛·

图书在版编目（CIP）数据

休闲体育项目策划与管理 / 邵伟, 罗建章, 谢明主编.
—青岛：中国海洋大学出版社, 2020.11（2022.1重印）
　ISBN 978-7-5670-2657-5

　Ⅰ.①休… Ⅱ.①邵… ②罗… ③谢… Ⅲ.①休闲体育—
体育项目—研究 Ⅳ.①G811.4

中国版本图书馆CIP数据核字（2020）第229534号

出版发行	中国海洋大学出版社
社　　址	青岛市香港东路23号　　邮政编码　266071
出 版 人	杨立敏
网　　址	http://pub.ouc.edu.cn
电子信箱	184385208@qq.com
订购电话	0532-82032573（传真）
责任编辑	付绍瑜　　　　　　电　　话　0532-85902533
印　　制	北京虎彩文化传播有限公司
版　　次	2020年11月第1版
印　　次	2022年1月第2次印刷
成品尺寸	170 mm × 230 mm
印　　张	17.5
字　　数	2 3千
印　　数	1001~2000
定　　价	59.00元

发现印装质量问题，请致电010-84720900，由印刷厂负责调换。

主　编　邵　伟　罗建章　谢　明
副主编　王晓飞　张志辉　龙伟健　李筱端

本书编写人员信息

邵　伟　湖南涉外经济学院

罗建章　湖南涉外经济学院

谢　明　湖南涉外经济学院

王晓飞　国防科技大学

张志辉　湖南城市学院

龙伟健　湛江幼儿师范专科学校

李筱端　浏阳市文旅广体局

前　言

　　休闲体育的一个重要方面，是把休闲从劳动状态与负有责任的其他活动中分离出来。在某种意义上，休闲体育与马斯洛的人的需求"五层次理论"中最高级别的自我实现的理念相一致，旨在巡查精神世界中人的创造力和鉴赏力，通过休闲体育促使人对生活（生命）进行思索，有助于人的全面发展和个性的成熟，使人真正地走向自由。

　　随着社会的发展，人们对生活质量的要求越来越高，对休闲体育的需求也更为迫切，在这种背景下，必然需要相应的专业人才对休闲体育活动进行策划、指导与组织。为了顺应休闲体育的发展和对专业人才的需求，2006年，广州体育学院和武汉体育学院联合向教育部论证，成功获准开设休闲体育专业。随后，很多高校陆续加入休闲体育专业建设的行列，与此同时，与专业建设配套的教材也在不断完善中。本书正是在这一背景下编写而成。

　　本书的内容体系主要基于以下三个方面的考虑。其一，理论与实践紧密联系是本书编写的出发点，因此，内容体系既包括基本概念、原理、特点等，同时也包括方法、策略、案例分析等。其二，策划与管理的辩证关系是本书编写的关键点，因此，内容体系将尽可能从策划与管理两方面进行阐述，使其体系更加完整、内容更加明晰。其三，休闲体育项目分类是本书编写的立足点，本书采用学者们普遍认同的观点，即休闲体育项目可以分为肢体主导类与心智主导类两大类。因而，编写休闲体育项目策划与管理的实务知识时，本书分别从肢体主导类与心智主导类两方面进行介绍，既突出了项目特色，也体现了内容的层次性。

本书共分九章，采取分工执笔的方式编写，章节内容及编写人员分工如下：

第一章：概述（邵伟）。主要阐述休闲体育项目的概念、构成要素以及学习意义。

第二章：休闲体育项目策划基础理论（罗建章）。主要阐述休闲体育项目策划的内涵、意义、原理、方法、及策划的主要内容。

第三章：休闲体育项目管理基础理论（谢明）。主要阐述休闲体育项目管理的内涵、意义、原理、方法及管理的主要内容。

第四章：休闲体育项目策划与管理中的团队建设（王晓飞）。主要阐述休闲体育项目策划与管理活动中的主体的团体建设，涉及团队的概念、定位、以及团队建设的策略。

第五章：休闲体育项目策划与管理中的沟通与协调（张志辉）。从活动主体个人能力培养出发，主要阐述休闲体育项目策划与管理活动中的主体能力建设，涉及沟通与协调的作用、原则、策略等。

第六章：休闲体育项目策划与管理的主要策略（龙伟健）。在上一章的基础上，以活动内容为切入点，进一步阐述休闲体育项目策划与管理活动中的主要策略。

第七章：肢体主导类休闲体育项目策划与管理实务（李筱端）。本章首先对肢体主导类休闲体育项目进行了简单介绍，其次从策划与管理两方面进行了案例介绍与分析。

第八章：心智主导类休闲体育项目策划与管理实务（邵伟）。本章首先对心智主导类休闲体育项目进行简单介绍，其次阐述了心智主导类休闲体育项目的整体策划，第三，介绍心智主导类休闲体育项目的组织与编排。

第九章：休闲体育项目的评估（罗建章）。主要阐述了休闲体育项目评估的意义、标准、方法以及评估的主要内容。

本书汇集了多年来休闲体育方面专家、学者的众多成果，我们对此深表感谢。另外，本书在编写过程中，得到了诸多专家、学者的热心指导和大力支持，在此致以由衷的谢意。

由于《休闲体育项目策划与管理》是休闲体育专业的一门新课程，有许多理论问题和实践问题尚在探索之中，加之编写者的水平有限，如有不当之处，恳请读者批评指正。

编者

2020年9月

目　录

第一章

概 述

本章主要阐述了休闲体育项目相关概念的内涵与外延，介绍了休闲体育项目构成要素与分类，探讨了休闲体育项目策划与管理的影响因素。相关概念主要是休闲体育项目策划与管理的方向问题；项目分类主要解决休闲体育项目策划与管理的内容框架问题；影响因素主要解决休闲体育项目策划与管理内容的导入问题。

第一节
休闲体育项目简述

　　休闲体育的兴起时间不长，以致目前尚没有公认的休闲体育的概念，休闲体育项目定义与内涵也没有一个统一的界定。因此，要理解休闲体育项目，我们先要探讨一下休闲体育。不同时代对休闲体育的表述不一样，不同文化对休闲体育的理解也不一样。但有一点可以肯定，那就是对"休闲"与"体育"两个领域进行相关解读，将有利于我们认识"休闲体育"的内涵与构成。

一、休闲的概念与构成要素

（一）休闲的概念

　　"休闲"一词，按现代汉语的字面意思解释，"休"字为"人倚木而息"，旧有吉庆美善、福禄之义。因而，"休闲"的"休"乃是休息、休整、休养之"休"，有离开工作、摆脱烦恼、自由调整等含义。"闲"字最早之义是范围，引申为道德（中道）、法度之义，后又有所扩展，有无事、安静、平常、与正事无关等义，这里的"闲"有闲暇、放松、随意、自由自在等义。在众多国内学者关于"休闲"的解析观点中，本书比较认同学者胡伟希对休闲的解读，他认为："假如不脱离其原来的辞源义，休闲应当指人的一种生存状态，即人应当过美好的生活，而美好的生活是符合道德的生活。"

　　西方文化中对"休闲"概念的一个共识是，休闲必须是"悠闲自在的"，放松的成分通常被认作是核心所在，甚至到了要求将活动（activity）与行为（behavior）区别开来的程度。亚里士多德认为，休闲是一种不需要考虑生存问题、心无羁绊的状态。杰弗瑞·戈比认为，所谓休闲是指一种从文化环境和物质环境的外在压力中解脱出来的、相对自由的生活。

依据中外学者对"休闲"解析的相关共识，休闲其实就是人在闲暇时间内自主选择的一种向往美好生活的生存状态。

（二）休闲的构成要素

依据上文关于休闲的定义，休闲至少包含五个构成要素：自由时间、活动方式、精神状态、经济能力、活动空间。

1. 自由时间

由于人的任何活动都需要在时间中进行，因此，自由时间成了"休闲"十分重要的前提条件之一。这个时间是指个人可以随意支配和使用的时间，亦即指（生产性）工作和生活（生理的）必需时间以外的空闲时间。

马克思说："自由时间就是可以自由支配的时间……这种时间不被直接生产劳动所吸收，而是用于娱乐和休息，从而为自由活动和发展开辟广阔天地。""但是自由时间，可以支配的时间……一部分用于消费产品，一部分用于从事自由活动，而这种自由活动不像劳动那样是在必须实现的外在目的的压力下决定的。这种外在目的的实现是自然的必然性，或者说社会义务……怎么说都行。"

从马克思的论述中我们可以得出以下观点：第一，自由时间是一种活动者自己可以自由支配的时间；第二，在自由时间中，人们从事的活动不是来自任何外在压力、目的和义务，而是出于自发目的的活动；第三，自由时间所从事的活动不是生产劳动，而主要是娱乐和休息。

当然，自由时间并不完全等同于休闲时间，因为自由时间这一概念主要体现了活动主体对于这段时间所具有的社会权利，并不能完全表达时间耗费的目的和使用方式。

2. 活动方式

"休闲"总是以某种活动方式来进行的，由于人们本身的爱好和兴趣以及能力的差别，通常也表现出个体的特征，休闲的活动方式是多种多样的。因此，如果要对休闲的活动方式进行定义的话，那么它只能被定义为"在尽到家庭责任与社会职责之后，让自由意志得以尽情发挥的事情，它可以是休息，可以是自娱，可以是非功利性的增长知识、提高技能，也可以是对社团活动的主动参与"（Dumazedier，1960）。当然，"非功利性"这一概念应该是带有经济学的要义的，并非否定人在活动过程中对活动目标的追求与活动目的达成期望。

根据这个定义，可以看出，休闲的活动方式是在自由意志下随心所欲的自由活动，以活动者的爱好和兴趣为内驱力。

3. 精神状态

所谓精神状态，是指个人参加活动的全过程所持有的态度、兴趣和由此产生的自由感、从容感、满足感、愉悦感以及各种主观感受。

依照心理体验的理论，体验是个人对外部材料进行感知与同化的一种精神及情感过程。早期对休闲进行的心理学角度的研究认为，休闲方式是由于人们的选择而存在的，那么，个人为什么选择这种而不选择那种呢？选择的理由完全取决于行为者的心理机制。美国学者约翰·纽林格在研究了三种态度层面的休闲模式后，甚至认为休闲应该被定义为一种"精神状态"而非活动或者时间；休闲既非环境，亦非行为，而是与之相伴的态度。有人甚至认为休闲是一种人生境界，或者根本就是"有益于个人健康发展的内心体验"（徐明宏，2004）。

我们姑且不去讨论休闲是否可以被定义为"精神状态"，但活动过程中，人们的精神状态决定也影响着活动的效果。无论如何，休闲总是活动者在一定的精神状态下进行各种活动。有的休闲活动，如娱乐，在娱乐活动过程中以及活动结果所产生的情绪状态往往会成为衡量活动效果的评价指标。由此可见，精神状态在休闲的内涵中应是一个十分重要的组成部分。

4.经济能力

在经济社会中，社会与社会的人所具有或获得的生活资料的手段、方法和技能就是经济能力。由于休闲就是一种消费的观念和现实，休闲的可能性必然地与个人的经济能力相联系。

马克思认为："人们为了能够创造历史，必须能够生活。但是为了生活，首先就需要吃、喝、住、穿等。因此，第一个历史活动就是生产满足这些需要的资料，即生产物质生活本身。这样的历史活动是一切历史的一种基本条件，人们单是为了能够生活就必须每日每时去完成它，现在和几千年前都是这样。"依照马克思的理论，人们在从事其他的社会活动之前，首先要从事和完成满足其基本生活需要的物质资料的活动——生产劳动。满足基本的生活需要的活动是一切其他活动的基础，在这个前提得不到一定保障的情况下，其他社会活动必然会受到影响。而满足生活需要的活动从本质上讲就是人的经济活动。

在现实的经济社会中，社会经济发展的总体水平和社会中个人所具有的经济能力直接影响着生活状态。有社会学家认为，富有者拥有的闲暇是持久而自愿的，失业者拥有的空闲则是临时而无奈的，尽管他们可能都拥有足够的自由时间。由此可见，具有不同经济能力的个人，所能拥有的休闲是不一样的。

5.活动空间

人类的任何活动都是在一定空间里完成的，没有适宜的（相对于活动的需要而言）活动环境，休闲是不可能完成的。由于休闲的方式多样，因此，人类休闲活动的空间完全视活动方式的基本需求而定。但问题的关键并不在于空间的大小，而在于活动者对这个空间的拥有程度（无论是长久的还是暂时的）以及在这个空间里所感受到的实际自由度。

活动空间分为两种：个人空间和公共空间。个人空间也可以称为私人空间，通常以私人住宅为主体。这种空间不仅是人们居住的空间，也是家人以及亲朋好友休闲活动和交往之处。因此，现代城市民居规划往往成为城市建设的中心和支点，家居环境成为评判个人生活质量的重要参数之一。公共空间有工作空间与休闲空间之分，其中休闲空间就是现代生活中日益重视和强调的重要活动空间。国际现代建筑协会制定的《城市规划大纲》中指出："城市应按居住、工作、游憩（休闲）进行分区和平衡后，再建立三者联系的交通网。"可见，游憩（休闲）所需要空间，应该是城市规划的一个极其重要的组成部分。

上述五种要素彼此联系，形成休闲的相对完整的形式结构。从一定意义上讲，这五个要素都是休闲结构中不可或缺的。但在现实的休闲活动中，这几个要素并不以同样的比重出现。比如经济能力，在基本的生活条件得以满足的情况下，只要没有直接面临经济上的窘迫，人们完全可能在某个可以自由支配的时间段进行休闲活动。又如活动方式，方式并不在多，有一两样喜欢的就足够了。但是，人们是否愿意投入于休闲，在很多情况下却是取决于个人的性格特征和生活态度。有的人尽管有足够的闲暇时间，也有足够的经济能力和活动空间，却没有参加休闲活动的意愿和行动。有的人有做不完的工作，但想方设法地找机会让自己放松娱乐一下。显然，拥有休闲的条件并不能决定人们一定会选择休闲，人们的观念和意识才是行动的决定性因素。同样，如果拥有足够的活动方式，但缺乏参与的情趣，再多的方式也不会引起参与休闲的欲望。

二、体育的概念与主要功能

（一）体育的概念

"体育"一词由国外传入，是一个国际通用、流传范围很广的词。这个词最早出现的时间大约是19世纪，而我国是在19世纪末、20世纪初从日本引进的，日本则是从西方引进的。

在我国古代，并无"体育"一词，而是使用"养生""导引""武术"等名词。1894年左右，随着德国、瑞典体操传入，我国便用"体操"

作为体育的总概念。1903年，清朝政府批准执行的学堂章程，就明文规定各级各类学校要开设体操科（即体育课）。1906年开始，"体操"和"体育"两词并用，直至1923年，北洋政府新学制课程标准起草委员会公布的《中小学课程纲要草案》这一官方文件中，才正式把"体操"一词改为"体育"，"体操科"改为"体育课"。

我国对"体育"含义的认识有一个过程，解释也不尽相同。中华人民共和国成立后，经过多次学术讨论，对体育有了比较统一的解释。根据《中国大百科全书》对体育的概念解释："体育（广义）亦称体育运动，是人们根据社会生产和生活的需要，遵循人体生长发育和机能活动规律，以运动动作为基本手段，为增强人民体质、提高运动技术水平、丰富文化生活而进行的一种有意识、有组织的身体运动和社会活动。体育属于社会文化教育范畴，受一定社会、政治、经济的影响和制约，也为一定社会的政治、经济服务。

体育（广义）范围包括三个组成部分，即学校体育、群众体育和竞技体育。

学校体育，习惯上称"体育"（狭义），又称体育教育。它是现代体育的基础，也是现代教育的重要组成部分，是全面发展人的身体，增强体质，传授体育知识、技术和技能，提高运动技术水平，培养良好意志品德的一种有目的、有计划、有组织的教育过程。它与德育、智育、美育、劳动技能教育等相配合，培养全面发展的人，从而为造就一代新人打好基础，为人们终身进行体育锻炼创造前提条件和培养兴趣。

群众体育（又称体育锻炼），是指以健身、健美、医疗、娱乐为目的，内容丰富、形式多样、因人而异的一种群众性的健身活动。这种活动一般是自愿参加的，其组织形式有集体的也有个人的，并特别追求自我教育、精神和情绪的放松以及锻炼效果。

竞技体育（又称竞技运动），是为了最大限度发挥和提高个人和集体在体格、身体能力等方面的潜力，以取得优异成绩为目的而进行的科学、系统的训练和竞赛。这种竞赛具有激烈的对抗性、竞争性和高度的技艺性，必须按照一定的规则进行，竞赛成绩应为社会所承认。竞技运动是整个体育中最活跃、最积极的因素，也是促进各类体育发展的重要条件。

以上三方面，因各自不同的内容和特点既相互区别，又互相联系、互相渗透。它们的共同点：都通过身体练习来全面发展身体、增强体质；都具有教育、教学的因素；都有学习知识、提高技术的过程；都有竞赛的因素等，从而构成了体育的整体。

（二）体育的主要功能

体育的功能，实际上是体育本质属性的反映，它是确定体育目的、任务的主要依据。体育的功能主要包括两个方面，即促进社会的物质文明建设和精神文明建设。体育属于人类文化范畴，它本身就是精神文明的一部分，尽管在体育产生的初期及以后的一个相当长的时期中，人们更多地注意和强调了体育对增强人民体质的生物学作用，然而，随着社会的发展，体育的精神方面、文化方面的价值越来越明显地在实践中表现出来，并被人们认识。因此，体育是一个有机的整体，一个多功能、多目标的系统，这个系统置身于社会这个大系统中，体育的功能也体现在体育本身的特点及其与外部联系的变化过程中。体育的功能归纳起来有六种，即健身功能、娱乐功能、教育功能、经济功能、社交功能和政治功能。

1. 体育的健身功能

体育是通过身体运动的方式进行的，它要求人的身体直接参与活动，这是体育最本质的特点。这个特点决定了体育具有健身的功能。体育活动可以促进人体的新陈代谢和血液循环，从而促进人体生长发育，改善各器官、系统的机能，提高工作能力。具体表现在以下三个方面：

第一，体育运动能改善和提高中枢神经系统的工作能力。

经常参加体育运动，可以提高大脑皮层的兴奋性，加深抑制，兴奋和抑制更加集中；神经过程的均衡性和灵活性得到加强，对体内外刺激的反应更加迅速、准确；提高大脑皮层的分析和综合能力，改善神经系统对各器官、系统的调节作用，从而使各器官、系统的活动更加灵活、协调，提高对外界环境的适应能力和身体的工作能力。

第二，体育运动能促进有机体的生长发育，提高运动器官的机能。

经常运动可以使管状骨变粗，骨密质增厚，骨结节和粗隆增大，骨小梁的排列也随之发生适应性变化。由于体育运动加强了肌肉的运动，肌肉中毛细血管扩张，血液供应增加，对蛋白质等营养物质的吸收和贮存能力增强，肌纤维增粗，因而使肌肉收缩更加有力强健，关节更加灵活或牢固，机体的运动能力大大提高。

第三，体育运动能促进内脏器官构造的变化和机能的提高。

运动使人体内的能量消耗增加，代谢产物增多，促使新陈代谢旺盛和血液循环加速，因而心血管系统、呼吸系统、消化系统和排泄系统的机能都将得到改善，使各主要器官在构造上发生变化，机能上得到提高。如心脏在构造上产生运动性肥大，心肌增强，心壁增厚，心脏容积增加；在机能上，每搏输出量增加，心搏频率减少，出现"节省化"现象。肺的功能也会提高，肺活量增大，呼吸深度增加。在剧烈运动时，则能高度发挥呼吸器官的机能，使能量物质的氧化过程进行得更加完善，以保证运动时能量物质的供应。总之，体育运动能增强人的体质，使人健康长寿，这是体育运动健身功能的直接效果。同时，体育运动的健身功能还可以派生出其他一些功能，诸如可以促进生产、提高劳动效率、提高部队战斗力、增强国防力量以及促进其他事业的发展。同时，全民族的体质增强，本身就是精神文明的标志之一。

2. 体育的娱乐功能

进入21世纪，随着现代化社会进程的加快，人们的余暇时间增多了，如何利用余暇，成了一个社会性问题。丰富多彩、健康文明的余暇生活，不仅可以使人们在繁忙劳动之后获得积极性休息，而且还可以陶冶情操、愉悦身心、培养高尚的品格。体育运动娱乐功能的客观依据是体育能够满足人民的精神需要。体育运动由于动作造型的艺术性、配合的默契性和易于接受的朴素性，成为现代人余暇生活的一个重要组成部分，起到丰富社会文化生活、愉悦人的身心、调节人的情感、满足人的精神需要的作用。

现代体育活动能最大限度地发挥人的体力和智力水平，一些杰出的运动员能够在一定的空间和时间内把身体控制到尽善尽美的程度，使健、力、美高度统一起来，使人们在观看体育比赛时，犹如欣赏最优美的舞蹈、线条明快的雕塑、光线谐和的摄影艺术，得到美的享受。正因为体育运动如此富有魅力，因此在运动场上，常常有一种强烈的移情作用，在观众和体育表演者之间扩散开来。在欣赏跳高比赛时，成千上万的人在运动员准备起跳的时候屏息凝神，当他越杆而过时，立即爆发出宽慰的纵情的欢呼。当一个排球运动员跳起扣球时，人们的手心沁出了汗水，而当扣球落地有声得分时，观众马上爆发出震耳欲聋的掌声。亚里士多德曾将类似的情境称之为"净化"观众的感情，这能使人们由于工作所带来的紧张的神经、疲劳的身体和紊乱的情绪得到积极有益的调节，不仅有助于元气的恢复，而且也是一种精神上的享受。

3. 体育的教育功能

马克思和恩格斯在其著作中不止一次地论及体育的教育功能。他们把体育视为教育的不可缺少的组成部分，认为"生产劳动同智育和体育相结合，不仅是提高社会生产的一种方式，而且是造就全面发展的人的唯一方法"。这一正确的观点，是我们论述体育的教育功能的理论依据。

由于体育运动的竞赛具有群众性、国际性、技艺性和礼仪性（指有一定的仪式如开幕式、闭幕式、发奖仪式）的特点，使它成了传播价值观的一种理想的载体。它能激发人们的爱国热情，振奋民族精神，教育人们保持与社会价值取向相一致的行为。体育运动竞赛的国际性，不仅扩大了它的活动范围，而且加深了它所产生的社会影响，把本来属于运动技艺的比赛，扩大和延伸到国与国之间的竞争。这种竞争超越了体育运动本身的价值，产生了不可低估的教育作用。比如在国际比赛中，运动员按规定必须在胸前佩戴所代表国家（或地区）的鲜明标志。竞赛规程明文规定比赛结束后，在给获胜国运动员颁奖时要奏国歌、升国旗，这就更增加了体育运动竞赛参与者和欣赏者的爱国意识。虽然人们不会简单地以运动竞赛的胜负来论定国家的优劣，但是人们总是把一个国家的运动员在国际比赛中的表现和他们所取得的成绩，看成是一个国家国力的反映，民族威望也会由于在国际比赛中取胜而提高。特别是随着全球性通信网络的形成，体育运动更加成为一种富于感染、易于传播的精神力量。这就使体育运动不仅与人民生活息息相通，而且能产生巨大的教育作用。如有一些工读学校的失足青年在写给中国女排的信中都表示要告别黑暗的昨天，奔向光辉灿烂的明天。由此可见，体育运动是一个很有说服力的教育手段，对整个社会的教育作用是非常广泛、深刻的。

4. 体育的经济功能

经济学界认为，劳动生产力的提高是社会经济发展的重要标志。特别在对生产力进行价值评估时，人的素质成为最主要的衡量标准。一般说来，人的素质包含身体素质、文化素质、道德素质三个方面。就某种意义而言，身体素质作为诸素质的基础，对生产力的提高起着至关重要的作用。

体育对发展社会经济的功能，最初是由体育的健身作用决定的。因为它在增强身体素质、提高劳动者健康水平方面有着明显效果，保持和增强了劳动者的劳动能力。因此，在体育投资方面所做的贡献，有力地促进了社会经济的发展。

在商品经济社会里，体育作为第三产业，以劳动的形式向社会提供消费。当前，一些经济发达国家非常重视发挥体育的经济功能，采用多种途径追求体育经济效益。诸如在大型比赛中获取收入的措施，有出售比赛的电视转播权，发行纪念币、体育彩票，收取门票费、广告费等。在日常体育活动中，增加收入的措施有提高体育设施利用率、举办热门项目的比赛，以及发展体育旅游、寻求赞助、开设体育咨询站等。在改革开放过程中，我国体育的经济功能正在不断得到发挥，以获取可观的体育经济效益。

5. 体育的社交功能

体育的社交功能主要表现在人际交往和国际交往两个方面。

第一，人际交往。

体育运动，特别是集体项目，需要众多人员通过默契配合、集体合作、顽强拼搏方能取胜。在训练和竞赛中，这种日积月累的合作增进了人与人之间的情感交流，加深了友谊。又如传统体育中的气功和太极拳，人们在一起切磋技艺，交流心得，共同演练，达到增进友谊和交友的目的。

第二，国际交往。

体育竞赛不分性别、不分民族、不分地域。按照体育竞赛公正、公开、公平的规则，各种不同的竞赛活动大大便利了国际间的体育交往，特别是在交通发达的今天。通过体育竞赛，切磋了技艺，增进了各国及各民族的团结和友谊，有利于促进世界和平。

6. 体育的政治功能

政治对体育起主导和支配作用，直接影响着体育的目的与任务。反之，体育以特有的方式能动地影响和反作用于政治，为政治服务。体育的政治功能主要体现在以下两个方面。

第一，提高民族、国家的威望和地位。

随着竞技体育的飞跃发展，竞赛场成为没有枪声的金牌争夺战场，金牌从侧面展现了一个国家的实力、地位、政治面貌、精神状态、社会制度的优越等，因此各国纷纷运用体育竞技这一手段来表现实力，扩大影响，提高国际声誉。例如，苏联十月革命成功35年后，第一次参加奥运会就与美国平分秋色，显示了社会主义制度的优越性。1972年，美国在奥运会篮球决赛中输给苏联，引起了美国公众的普遍不满，认为这有损于美国的国际威望，要求调查失败的原因。中国人在历史上曾被侮辱为"东亚病夫"，国际威望大受贬损。我国运动员在亚运会上连续夺得金牌总数第一，第27届至31届奥运会上我国夺得的奖牌数量一直稳居前三，大大激发了民族意识，振奋了民族精神，提高了中华民族的威望和国际地位。

第二，振奋民族精神，加强爱国主义教育，增强国民凝聚力。

一个国家谋求政治安定、经济繁荣、文化发达、军事强大，必须具备多种条件，而发扬民族精神，掀起爱国主义热潮，增强国民的凝聚力，是其中必不可少的条件。为了实现这一目标，可采取多种渠道和方式，而体育是其中十分重要的一种。在当今时代，一次国际体育大赛的胜利，会像巨石击水，在国民心中产生巨大的冲击波，使千百万人甚至整个民族、国家沸腾起来，使民族精神得到升华，爱国激情得到弘扬，民众之心连成一片。比如，中国申请举办2008年奥运会的成功和中国足球队冲出亚洲走向世界的成功都远远超出了体育本身的意义。

三、休闲体育项目的内涵与外延

（一）休闲体育项目的定义

上文对休闲与体育的概念进行了简要的探析，我们不难发现，休闲与体育有其天然的、难以分割的必然联系。可以这样理解，休闲体育的构成有着非常明显的自身特点，它本身横跨"休闲"和"体育"两大领域，完成了一次完美的动态化结合（图1-1）。

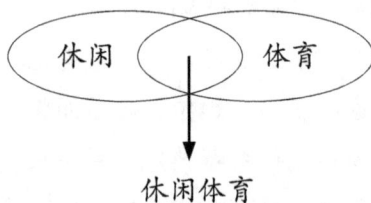

图1-1 休闲体育的构成

从图1-1中不难看出，"休闲"与"体育"的重叠部分，共同构成了休闲体育。但这里的重叠，并不能简单理解为算术中的"1+1"，它既不是休闲的简单体育化，也不是体育的简单休闲化，而是"休闲"与"体育"两大领域有机结合后产生的一个相对独立的新领域。这一新领域以"休闲"与"体育"两大领域的构成要素为元素，在保持相对独立的同时，又接受这两大领域的规范和指导，其中任何一个领域的发展，都可能赋予它新的内容、范畴、观念与理论。在这一新的领域，"休闲"要素成为目标与方式，"体育"要素成为内容与方法，两种要素有机融合在一起，便产生出一定的活动方式，这种活动方式即为"休闲体育"。

通过上面的分析与理解，我们可以得出：休闲体育是在闲暇时间内，人们自主选择的通过肢体或心智运动来追求内心美好的一种活动方式。"项目"二字，《现代汉语词典》给出的解释为：事物按性质分成的类。将"休闲体育"与"项目"的解释结合起来，可以这样认为：休闲体育项目是指，在闲暇时间内，人们自主选择的通过肢体或心智运动来追求内心美好的某种活动方式类别。广义的休闲体育项目是指通过多种体育运动组合方式来达到休闲目的的集群活动方式类别，如株洲方特、张家界旅游度假区。狭义的休闲体育项目是指通过单一体育运动方式来达到休闲目的的单一活动方式类别，如太极拳、围棋。

（二）休闲体育活动与项目的联系

关于"活动"一词，《现代汉语词典》给出的解释有很多条目，其中有一个释义为：为达到某种目的而采取的行动。如果我们将休闲体育活动看成是一个偏正词语，即"休闲体育的活动"，结合上面休闲体育的定义，我们不难理解，休闲体育活动是指，在闲暇时间内人们自主选择的通过肢体或心智运动来追求内心美好的具体行动。可见，"休闲体育项目"是将"休闲体育"本身内在的活动方式进行整合与分类，是从类别视角对休闲体育的一种表述。而"休闲体育活动"则是对"休闲体育"或"休闲体育项目"的具体化、动态化。项目也好，方式也罢，人们对它的理解趋于一种静态事物的认知。而提到活动，人们一般都是从活动中的"行动"去了解这个事物。对于休闲体育项目的策划与管理而言，策划与管理本身就是一种活动，这种活动与休闲体育结合在一起，也就使静态化的活动方式自然过渡为动态的"休闲体育活动"。所以，本书所指的休闲体育项目策划与管理，基本涵盖了三个方面的意思。首先，它是基于对休闲体育的静态认知而进行整体的设计，是方向性的，是纲领性的。其次，它也是基于休闲体育的动态理解而进行的具体构思与把控，是细节性的，是局部性的。第三，它也是基于静态与动态的辩证关系，认为策划与管理是将项目与活动统一起来的手段。总之，休闲体育项目的策划与管理，是项目本身的创新与设计，更多的是项目内在的活动方式的具体化，也即对休闲体育活动的具体设计与控制。

（三）休闲体育项目的外延

上面提到，休闲体育项目的定义是：在闲暇时间内，人们自主选择的通过肢体或心智运动来追求内心美好的活动方式类别。对这一定义展开分析，不难发现，休闲体育项目具有一些特性，这些特性让其独立于"休闲"与"体育"两大领域之外，但又兼顾这两大领域的功能，使参与者从中获得一种美好的生存状态。

1. 参与性

休闲体育项目是一种实践性极强的社会活动，它需要人们的亲身参与，在活动的过程中体验和获得某种感受，或者通过自身活动的结果来表达自己的观念和想法。没有自身的参与，就无法得到那种所期望的感受，也不能完整地表达自己。有人把观看体育竞赛和体育表演也纳入休闲体育的范畴，并把休闲体育分成参与型和观赏型两类。我们认为，观看或者观赏的方式属于文化性休闲的范畴，不能纳入休闲体育的范畴，因为这种方式与观看或者观赏文艺表演，如杂技、大型综合性演出没有多大的区别。尽管这些现代文艺演出中经常也有演员与观众之间的互动，但这并不是观众在演出。因此，休闲体育应该是参与性的，是活动者亲身实践的过程。"是通过非正式的、自发的体育活动、追求身体放松和舒服。"（罗歇·苏，1996）很显然，罗歇·苏把体育休闲完全视为参与性的活动，认为在活动中才能真正地获得身体上的放松，才能追求到身体上的舒服。事实上，休闲体育所能够实现的各种功能和作用，都是在活动过程中体现出来的。

2. 自然性

众所周知，人的生命活动不外乎分为内部活动和外部活动两种。内部活动便是生理、生化活动，亦即物质与能量的不断消散过程。无论我们愿意与否，这一过程总是在人的有机体内发生和进行着。要维持生命结构的存在，一方面要不断地促使消散过程的积极进行，另一方面则需要通过与外界进行物质交换以补偿已经消散的能量。而这两个方面的活动都必须借助于有机体的外部活动，它们构成了摄入与排泄以及身体运动这些基本需求的本源。我们知道了这一点，就不难理解为什么人会选择大量需要身体运动的游戏和娱乐方式。作为生命，必然会遵循生命运动的基本轨迹，保留了生命体本能的需求和活动方式，只是人的这些本能需求在个体的社会化进程中被特定的方式所制约，从而以社会人的特有方式来满足这些需求。

3. 时尚性

在社会经济、文化高度发展的当今时代，参与休闲体育已经成为一种社会时尚。一方面，人们参与体育休闲活动以表明自己与某个社会阶层的平等性，另一方面则以此标明自己与另外某个阶层之间的差异。因此，时尚性应该是休闲体育的一种较为典型的特征。人们参与体育休闲活动时的动机、目的、心态、情感等通常处在舍勒贝格所表述的时尚的双重性之中。如人们在进行体育活动时，总是要遵守活动的规则和方式，但在从事体育休闲活动时，人们却不愿意遵守这些活动规则和一些规范，因为这些规则和规范多少形成了一种文化性的压力，而休闲活动恰恰是力图摆脱各种外在的压力。

时尚性是一种社会事物与社会发展的趋势和社会需求协调统一的表现，人们对体育的需求由于社会物质文明的发展而逐渐强烈起来。一方面，作为时代的青年人不仅是时尚的代表，也是时代风气的传播者；另一方面，也因为青年人充满了青春活力，是"娱乐的先锋"。体育既是表现其青春活力的载体，又能够让他们产生愉悦的情感，形成良好的交流和互动，同时还能宣泄情绪和发散剩余精力。因此，在现代的各种不同的时期，体育活动通常会成为青年人的时尚。

4. 流行性

流行性是指某种社会事物具有十分广泛的影响，并形成了一种时尚性的外在表现，流行往往是时尚的结果。在现代社会，由于人们的物质生活和精神生活得到前所未有的升华，休闲活动已经成为生活活动的组成部分。而在众多的休闲活动中，体育休闲活动又因为其本身的特点成为人们对休闲方式选择中的首选。然而，在现代社会条件下，新的体育休闲活动项目不断地创造出来。由于传播媒体的作用，许多项目都会在较短的时间内迅速地向全世界传播，并逐渐成为国际性活动项目。奥林匹克运动会的项目设置的不断扩张，就是体育的这种流行性的典型表现。

休闲体育的流行性主要从其活动项目的迅速风行于世，而后又悄然消失中表现出来。一种体育活动经常会在很短的时间里在一个地方流行起来，成为人们在休闲时间里十分热衷的活动。当然，如同其他具有流行性的事物一样，这种或者那种体育活动也可能风靡一时后，又很快地销声匿迹，取而代之的是另一个让人愉悦接受的新的体育项目。当然，周而复始也是社会事物发展的一种具有规律性的特征，休闲体育也是一样，可能过了一段时期后，一个曾经流行而后消失的体育项目再次流行起来，并为另外的一代人广泛地接受。

5. 时代性

休闲体育总是在一定历史阶段、文化背景下产生和发展起来的。在不同的历史时期，存在着不同的物质文明和精神文明，因而会产生不同的休闲活动方式，体育休闲活动也是应时代的要求和进步而演变和发展起来的。

考察历史的发展进程可以发现，无论在什么样的时代，体育活动总是能现身于社会中，成为民众乐于接受和参与的休闲活动方式。即使在欧洲的中世纪（5—15世纪）神权统治下，也很难泯灭和抑制民众追求身体游戏的需要，儿童少年则始终是游戏的先锋，他们把武士的打斗也变成自己身体娱乐的活动。当然，体育休闲活动毕竟是社会文明的表现形式，在许多情况下，与社会科学技术的发展水平密切相关。我们看到，21世纪流行的体育休闲活动与20世纪初相比有了极大的变化，今天的体育休闲活动往往是与科学技术和材料革命的结合，而过去的活动可能更倾向于身体的自然活动，如当时流行的户外运动。

6. 层次性

层次性包含了三个方面的内容：一是活动人群的年龄层次，二是活动内容的难易层次，三是活动方式的经济消费水平层次。一般意义上讲，不同年龄阶段的人有着不同的需要和爱好，这种需要和爱好直接影响着人们对体育休闲方式的选择。儿童少年对一些新奇的个人活动，如滑板、轮滑、小轮自行车感兴趣；青年人则爱好有一定挑战性和对抗性的活动，如足球、篮球、网球；中年人倾向于活动的品味和档次，而老年人则喜欢交流互动性强的活动。通常，年龄因素是体育休闲活动分层的主要的、有时甚至是决定性的因素。

内容的难度是指完成活动所要求的技术标准高低，这是一些人选择体育休闲活动方式的依据。这种选择主要取决于活动者对自己的运动能力的评价，个人运动能力较强者，通常会选择一些技术动作难度较大的项目；而个人运动能力自我评价不高者，更愿意选择那些无须多大努力就可以完成的活动项目。

活动方式的经济消费水平具有明显的社会性特征的分层，与个人社会身份和阶层的表征密切联系。一些体育休闲活动方式明显属于高消费，参与者通常须拥有相当大的财力，带有炫耀性消费的特征；而一些体育休闲活动方式则可能对个人经济情况有一定的要求，既能显示个人身份，也能表现个人的运动能力；还有一些人则愿意选择那些不需要多少开销，就能开心愉快地活动的项目，他们没有更多的钱花费在休闲活动中，因此，他们也不在乎自己玩的活动被视为哪个层次。

7. 自发性

正如美国休闲学专家杰弗瑞·戈比所提出的："休闲是从文化环境和物质环境的外在压力中解脱出来的一种相对自由的生活，它使个体能够以自己所喜爱的、本能地感到有价值的方式，在内心之爱的驱动下行动，并为信仰提供一个基础。"休闲体育同样也是人们在休闲时间内进行的一种自发性的主体活动。它完全是出于个体或某一群体真正的主体需求，在个人可以自由支配的时间里进行体育活动，没有任何强制、被动或非自愿成分。在活动中，由于是主体出于自觉自愿的需要而参与，这种良好的情绪体验会更加激励其持久参与的积极性，并比较好地形成"需要—满足—更大需要—更大满足"的持续不断的良性循环之中。

自发性是自觉意识的体现，特别是在社会高度发展的当今时代，休闲已经不只是劳动之余的休息和放松。随着自由时间的增加，休闲已经成为每个人的生活权利，成为个人生活的组成部分。现代人有充分的自由意识，人们对自由时间的支配权就在休闲活动中体现出来。

第二节
休闲体育项目的构成要素与分类

一、休闲体育项目的构成要素

体育元素是休闲体育这一领域必要的内容与手段，因而，通过对体育运动的分析，我们自然能发现休闲体育项目构成的一些必然要素。体育是人类社会的一种特殊形式的活动，这种活动不仅体现人类身体的基本运动能力，如跑、跳、投掷能力。还表现了人体运动的技术技巧，同时还要表现人与物的控制关系及其人与人的对抗关系。因此，休闲体育项目通常包含了这样几个组成部分：一是运动的主体，二是运动的环境，三是运动的方式，四是运动的契约，五是运动的物质基础。

（一）运动的主体

运动的主体是指运动的参与者。参与者是体育运动的主体，体育运动的产生就是人对自身的身体运动进行社会化改造的结果。因此，体育运动本质上就是人主动地促使自己的身体参与运动。没有运动的人也就没有体育运动。

（二）运动的环境

体育运动总是发生在一定的空间里，这种空间可以称之为"运动的环境"。运动的环境有三类：人造环境、人造自然环境和自然环境。体育运动总是发生在这三类环境中。绝大部分的球类项目都是人为设计的，通常也在人造环境中进行的；而大部分户外运动项目则是在人造自然环境和自然环境中进行的。

（三）运动的方式

运动的方式是指人在参与体育运动时所采用的动作方式，除了跑、跳、投掷这些基本活动方式外，有人控制器具完成的动作方式，另外还有人与人在身体对抗下完成动作的方式，以及对抗自然物和利用自然法则的动作方式，等等。

（四）运动的契约

运动的契约是指对活动规范的约定、制定，包括两种契约形式：一种是对人的行为规范和活动方式的预约，表现形式有运动项目的规则和各种项目的基本活动方式方法等；另一种是人与自然的契约，当然，这种契约是人根据自然法则对活动参与者提出的基本要求和注意事项等。

（五）运动的物质基础

运动的物质基础是指参与体育运动所需要的一些基本的物质条件，包括运动器材和运动设备以及运动者的基本装备。体育运动是人类根据自身的条件设计造就出来的一种社会活动方式，基本功能就是促使人进行身体运动。因此，运动的物质基础也是在运动项目的设计中形成的，如球类项目。如今，球类项目已经是一个庞大的家族，每一个项目所用的球是完全不一样的；同时，对于不同的球又有相应的活动方式，一切活动都是围绕球来进行的。所以，运动的物质基础往往会决定运动的方式。

二、休闲体育项目的分类

根据前面的构成要素分析，我们知道休闲体育项目系统是由五大要素建构而成，从理论上讲，每一种要素都可以作为一个分类角度。因此，以参与休闲体育活动的主体年龄阶段为依据，可以将休闲体育项目划分为青少年类、成人类、老年类；以参与休闲体育活动的主体性别为依据，可以将休闲体育项目划分为女性类、男性类；以休闲体育活动所处的自然环境为依据，可以将休闲体育项目划分为水域类、陆地类、空中类；以休闲体育活动所处的空间环境为依据，可以将休闲体育项目划分为室内、室外；

以活动中发力方式为参照标准，可以将休闲体育项目划分为肢体活动主导类、心智活动主导类；以活动中有无器材的方式为参照标准，可以将休闲体育项目划分为器材类、徒手类；以活动中时间周期的方式为参照标准，可以将休闲体育项目划分为周期类、非周期类；以活动中契约强度为参照标准，可以将休闲体育项目划分为竞技类、非竞技类；以活动的物质基础为参照标准，可以将休闲体育项目划分为大众类、特殊类。

本书策划与管理实务的相关章节，正是基于项目的分类而进行编排。其一，考虑到休闲体育是以体育要素为内容与手段，而体育又有广义与狭义之分，所以我们首先按这种大家普遍认可的活动中发力方式为参照标准，将休闲体育项目划分为肢体主导类、心智主导类。其二，结合大家普遍认同的按活动环境分类，我们再一次将肢体主导类的休闲体育项目分为水域类、陆地类、空中类三种类别。

（一）肢体主导类项目

1.水域类休闲体育项目

水上运动的种类繁多，虽然许多项目我们并非耳熟能详，但它们却以其独特魅力吸引着世界各地的人们。水域类休闲体育，是各种与水有关的休闲体育运动的统称。依据水域类休闲体育项目与水面的关系，又可区分为"水面下""水面上"，以及混合两种状况的"水中"三大类。水面下休闲体育主要是指活动的主体在活动的主要时间里是在水面下进行，如潜水、水下曲棍球、水下橄榄球、水下摄影；水中休闲体育主要是指活动的主体在活动的主要时间里一部分在水面以上，另一部分在水面以下进行的，如游泳、铁人三项、现代五项、水上救生、水球、水上芭蕾、水中有氧运动、水中体操、浮潜、跳水、同步跳水、水道滑水；水面上休闲体育主要是指活动的主体在活动的主要时间里是在水面上，如冲浪板滑水、赤足滑水、趴板冲浪、独木舟、钓鱼、水上摩托车、轻艇、风筝冲浪、水上拖伞、泛舟、划船、帆船、浅滩冲浪、立姿划板、激流泛舟、单板滑水、未固定单板滑水、游艇。

在这些水域类休闲体育项目中，因项目性质不同，所需环境也会有所不同。有些项目必须在室内进行，而有些项目则必须在室外进行，需要说明的是，有些水域类休闲体育项目既可在室内进行又可在户外实施。

2. 陆地类休闲体育项目

陆地类休闲体育活动主要是指在地面进行的各类休闲体育活动的总称。根据陆地类休闲体育活动与地面质地的关系，又可分为冰上休闲体育项目、雪上休闲体育项目、山地休闲体育项目、丘陵休闲体育项目、沙地休闲体育项目、草地休闲体育项目、公路休闲体育项目、场地休闲体育项目等。

冰上休闲体育项目是以自然冰地或人造冰场为依托开展的休闲体育活动，包括溜冰、冰上舞蹈、冰帆等；雪上休闲体育项目是以自然雪地或人造雪场为依托开展的休闲体育活动，包括滑雪、雪橇、高山滑雪等；山地休闲体育项目主要是依托山地资源开展的休闲体育活动，这类项目一般有登山、攀岩、高山探险、高山速降、越野等；丘陵休闲体育项目主要是依托丘陵地带开展的休闲体育活动，包括狩猎、丛林探险等；沙地休闲体育项目主要是依托沙地开展的休闲体育活动，又可分为滨海沙滩休闲体育项目和沙漠休闲体育项目，滨海沙滩休闲体育项目有沙滩排球、沙滩足球等，沙漠休闲体育项目有滑沙、骑骆驼旅游、沙漠探险旅游等；草地休闲体育项目主要是依托草地、草原开展的休闲体育活动，主要包括高尔夫、骑马、叼羊、滑草、摔跤等；公路休闲体育项目是以人造道路为依托开展的休闲体育活动，一般包括公路自行车、F1赛车、摩托车、马拉松、竞走等；场地休闲体育项目是以人造场地为依托开展的休闲体育活动，其中又可分为室内场地休闲体育项目和户外场地休闲体育项目，室内场地休闲体育项目主要有乒乓球、羽毛球、台球、手球、体操、健美操、柔道、瑜伽等，户外场地休闲体育项目主要有棒球、橄榄球、田径、射击、射箭、网球等。

3. 空中类休闲体育项目

空中类休闲体育活动主要是指在大气层以内借助飞行器具离开地面或水面在空中进行的各类休闲体育活动。根据借助飞行器具的动力特征又可分为以生物能为主要动力而进行的空中类休闲体育项目和以非生物能（机械能、电能等）为主要动力而进行的空中类休闲体育项目。以生物能为主要动力而进行的空中类休闲体育项目有滑翔伞、跳伞、蹦极等，以非生物能为主要动力而进行的空中类休闲体育项目有热气球、动力滑翔、汽车飞越长城等。由于这类项目危险性大，对器材要求高，参加此类项目的休闲体育爱好者一般具有较高的技能和专业素养。

（二）心智主导类项目

心智主导类休闲体育是以智力运动为主的运动方式，目的可以是启迪智慧，也可以是为了陶冶情操。比较常见的心智类休闲体育有围棋、象棋、桥牌、斯诺克等。此类运动对参与者的体能要求较低，体力活动较少，而心智支出较大。该类体育运动集智慧、竞技、娱乐、文化为一体，可以更好地满足人们对休闲体育多元化的需求，在提高居民生活质量、发展全民健身中发挥了重要的作用。

第三节
休闲体育项目策划与管理的影响因素

休闲体育项目的设计与管理是社会的一个缩影，并与其所处的时代环境紧密联系。对于休闲体育项目来讲，设计与管理水平的高低会影响其创新和发展。一般而言，影响休闲体育项目策划与管理的因素主要有外因与内因，外因包括自然环境和社会环境；内因源于项目本身的特性，包括项目参与主体、活动方式和器械设备等方面。

一、自然环境因素的影响

自然环境千变万化、多姿多彩，是人类社会赖以生存与发展的物质基础，同时也是开展休闲体育不可缺少的基本条件之一。自然环境包含复杂多样的地形、纵横交错的山脉、西高东低的地势、宽广辽阔的水域、丰富多样的动植物资源和变化莫测的气象条件等。因此，根据自然环境的特点，可将其分为地形环境、大气环境、水文环境和生物环境等。并且，自然环境所呈现出来的每一种形态和特点都与休闲体育项目的开展有着密切的联系，呈相辅相成的关系。由此可以看出，休闲体育活动的开展以自然环境为依托，同时，休闲体育项目的发展也需要适宜的自然环境作为支撑。因此，休闲体育项目的设计与管理自然会受自然环境的影响，如受地形、气候、气象、水文、生物因素的制约。

（一）地形环境对休闲体育项目策划和管理的影响

地形环境作为开展休闲体育活动的重要场所，其不同的特征对休闲体育项目的设计和管理具有一定程度的影响。由于需要根据不同的地形环境设计出与其地形特征相匹配的休闲体育项目，因此不同的地形环境决定了休闲体育项目的不同设计和管理。换言之，地形的起伏幅度、地势的高低、地貌的景观等，将会直接影响休闲体育项目设计的种类以及规模的大小。

一般而言，在辽阔的平原地区，因其地形平坦，适合设计和开展具有群体性特征的休闲体育项目。例如，内蒙古地区地域辽阔平坦，畜牧业发达，以"马背上的文明"而著称，因而有条件开展赛马、骑马射箭等休闲项目。在高山地区，因其地势起伏较大，适合开展攀爬类的休闲体育项目，如贵州东南部山区苗族聚居区传统的爬山活动。在高原地区，由于海拔比较高，空气密度相对较小，氧含量低，大气气压也较低，因此，在高原地区适合开展一些锻炼耐力性的休闲体育项目，如自行车、高脚竞速。

根据地形环境的特点科学地对休闲体育项目进行设计和管理是有效开展休闲体育活动的前提和保障。只有充分地了解了地形环境的特点，才能有效地组织和利用各要素（人力、财力、物力信息等），有针对性地利用地形环境因素的影响，趋利避害地对休闲体育项目进行设计与管理。如在山地开展攀岩、山地自行车等户外运动，若突然发生滑坡、泥石流等自然灾害，则会给休闲体育项目的管理带来不利的影响，因此，需设计好相应的防护和保障方案。再如，四川多山地，平原较少，因此不利于开展大规模的赛马活动，但只要充分发挥其山地的优势，则可以打造丰富的户外运动项目。成都处于四川盆地，深居内陆，气候温暖，降雪少。虽然不适合开展滑雪运动，但可以根据其地势和借助外力打造人工滑雪场，依然可以开展滑雪运动，满足人们对休闲体育运动的需求。

（二）大气环境对休闲体育项目策划与管理的影响

大气环境中气候与气象条件不但是人类生活与生产的环境基础，同时也是形成自然地理环境的基本因素，与休闲体育活动的关系非常紧密，是开展休闲体育活动的必要条件之一。例如，滑翔、滑雪、放风筝、滑冰、帆板、热气球、跳伞等项目，正是利用环境中气象与气候因素的变化而开展的。同时，气候气象条件对休闲体育项目、场所等的选择也具有深刻影响。因此，在开展休闲体育活动之前，需要对活动过程中的气象、气候因素进行分析，从而有助于休闲体育项目、装备的选择，降低运动损伤的概率等。

休闲体育项目的设计与管理受气温、湿度、风向、大气压等因素的影响，所以，参加休闲体育活动一定要充分考虑气候、气象条件。当运动环境处于高温、高湿状态时，不宜设计和开展运动强度较大的休闲体育项目；应避免雾霾天气在户外进行休闲体育活动。

1. 气候条件对休闲体育项目策划与管理的影响

气候一般是指某一地区长时期内天气状态的综合表现，相对于天气而言，气候是比较稳定的。大气环境中气候的变化，影响着休闲体育项目的开展，休闲体育项目的设计与管理受制于大气环境。一方面，适宜的大气环境有利于休闲体育项目的管理；另一方面，恶劣的大气环境会给休闲体育项目的设计与管理带来不利影响。如2014年，尼泊尔发生暴风雪引发山崩，这种异常的天气状况给大量的攀登爱好者带来了毁灭性的灾难。气候的多变性往往会给休闲体育项目的管理带来极大的挑战。因此，在开展休闲体育项目前，应提前做好应对突发状况的各种准备（如配备救护人员、完善设施装备、学习相关知识技能）。

近年来，国内外不少学者对气候的舒适度展开了相关的研究。气候的舒适度是大气的温度、湿度、风速、日照等气象要素的综合效应，通过人体的感觉反映出来。适宜的气候是满足人们正常生理需求并进行休闲体育活动的良好条件，即人们不需要借助其他任何外力，便能保证休闲体育活动的顺利完成。多样的大气环境为设计多样化的休闲体育项目创造了条件。而舒适的气候条件是休闲体育项目顺利开展的保障。只有在舒适的环境下选择适宜开展的休闲体育项目，才能使人感到舒适、快乐；而宜人的气候往往能吸引人们走出家门参与休闲活动，锻炼身体、体验生活、愉悦身心、消除疲劳；反之，不良的气候往往会使人们产生不适感，心情抑郁，甚至影响工作和健康。

此外，多变性的气候条件也为开展各具特色的休闲体育项目提供了一定的基础，休闲体育项目的开展与各个地方的地理环境、气候条件有密切的联系。我国传统体育项目具有因地制宜的特点，如踢毽子最先起源于北方地区，北方地区冬季气候干燥寒冷，因此成为踢毽子这一民间休闲体育项目的起源地；东北地区冬季气候寒冷，千里冰封，万里雪飘，人们可以在白雪皑皑的大地上开展溜冰、滑雪等休闲体育活动。

2. 气象条件对休闲体育项目策划与管理的影响

气象是指发生在天空中的风、云、雨、雪、霜、虹、晕、雷电等一切大气的物理现象。气象变化的规律性和动态性，不仅衍生了多种多样的休闲体育项目，同时制约了休闲体育项目的开展。因此，对休闲体育项目的设计和管理应根据不同地域气象条件的变化，如风速、风向、风力、气流、湿度、温度，来制定科学、合理的休闲体育项目。例如，滑翔伞因受风力、风向与气流等的影响较大，即其需迎风才能起飞，升空后才能顺风滑行。如没有合适的风向、风速，滑翔伞则起飞不了；如风速过小，导致其张力支撑不够，也难以滑翔；若风速过大，则容易引发事故等。因此，选择适宜的风速、风向对滑翔伞运动的开展尤为必要。一般在开展滑翔伞运动时，适宜的气候条件应该是晴朗少云，能见度不小于3千米；如果选择中层云天气，空中无热力对流，则滑翔上升不了其所需高度；如果是低层云天气，气流较强则不宜操作，易造成身体伤害。

不同的温度适宜开展的休闲体育项目有所不同，如羽毛球运动适合在常温下开展；帆板在12℃~14℃的条件下进行最为理想；13℃~16℃适合开展射箭拳击、柔道等项目；温度为17℃~20℃适宜开展径赛运动；当气温高于20℃，同时相对湿度高于70%，或者气温高于28℃时，不适合进行剧烈运动；而当气温低于0℃时，最适合开展冰雪运动，如气温在大约零下10℃，最适宜开展冰上运动；在零下20℃时适宜开展滑雪运动。

由此可知，不同的气象条件适宜开展不同的休闲体育项目。所以，在选择和参与休闲体育项目过程中，需要考虑大气环境条件是否适合，以期达到最佳的运动效果。

（三）水文环境对休闲体育项目策划和管理的影响

水文环境指的是自然界中水的变化、运动等现象表现出来的自然背景。我国疆域辽阔，海岸线绵长，江河湖泊相互交织。近年来，在国家政策的引导下，很多地区已将开发和建设水上体育运动场馆和设施作为发展当地经济的一大举措。同时，现代科学技术的发展和高科技设备的使用不断增加，为在水文环境中设计丰富多彩的休闲体育项目提供了有利的条件。虽然水文环境为休闲体育项目的设计提供了优越的条件，但也对休闲体育项目的设计和管理产生一定的制约。水文环境对休闲体育项目设计与管理的影响可分为水上环境的影响和水下环境的影响两部分。

相对于在水下开展的休闲体育项目而言，水上开展的休闲体育项目所受到的制约因素较少。并且，水上环境具有开放性的特征，因而可以设计和开展多种多样的水上休闲体育项目，如帆船、冲浪、摩托艇、皮划艇、滑水运动。此类项目集竞技、娱乐、观赏和探险于一体，备受各类群体喜爱。但是，水上休闲体育项目的开展也容易受到水文环境的制约，如水流速度的影响。若水流速度过于湍急、浪花过大等，都会影响水上休闲体育项目的开展。

水下环境对休闲体育项目设计和管理的影响较大，诸多因素制约着设计出适宜的水下休闲体育项目。在水下休闲体育项目的管理方面，还需要参与者掌握一定的水下活动技能。首先，熟悉水性是最基本的条件之一，同时还需具备良好的身体素质。水下休闲体育项目为参与者提供了别样的运动空间，具有明显的挑战性和刺激性，从而满足一些年轻人追求冒险、探寻刺激的需求。例如，潜水主要以水下活动为主，并且其开展形式十分广泛，如可以进行水下狩猎、海底探宝、水下游戏，使参与者在感受休闲体育乐趣的同时，锻炼了身体，这项运动很受欢迎。由于潜水是在水下开展，因此想要进入更深的水域，则需参与者具备较高的技能、身体素质，还要完善各项安全保障设施，以避免水下缺氧和其他意外情况的发生。

总之，稳定的水文环境对休闲体育项目的设计与管理具有促进作用，能为大众广泛参与水上或水下休闲体育项目提供良好的环境，也便于对休闲体育项目的管理。反之，不稳定的水文环境不仅会阻碍休闲体育项目的开展，同时还会影响休闲体育爱好者参与活动的积极性。在大海中开展的休闲体育项目更是如此，因为海水受气候和气象等的影响较大，使其具有不稳定的特征。因此，在海中开展休闲体育活动经常会受到海潮、海啸、离岸流等因素的影响，稍有不慎就会给参与者带来生命危险。所以，对休闲体育项目的管理者而言，在开展水上或水下活动的过程中，需具备相当的技术水平和管理能力，不仅需要对水域休闲体育项目掌握得十分熟练，并且还需掌握熟练的急救方法，制定完善的应急措施，在开展水上或水下休闲体育项目的全过程都能组织有序，甚至在遇到紧急状况发生时，也能够有序地处理应急事件，安抚和稳定参与者的情绪。

（四）生物环境对休闲体育项目策划和管理的影响

生物环境中的各种生物是反映自然环境特征的重要标志之一。其不仅能反映出一个地区的地理环境特点，同时也是构成某一地区自然特色的重要组成部分。对休闲体育项目的设计而言，生物环境中各类生物的多样性和再生性，不仅为设计丰富多彩的休闲体育项目提供了可能，同时也为参与者在活动的过程中增添了很多乐趣。比如，植物以其形、色、香、味等要素供人们游览观赏，特别是森林景观，包括原始森林和人工森林，以其浩大茂密、翁郁苍翠，幽深神秘等为特色，因此可设计和开展探险、探奇、科学考察、定向寻宝、定向越野、徒走穿越等休闲体育项目；可以利用生物资源丰富的林场、农场、果园等设计和开展品尝、狩猎、采摘等参与型的休闲体育项目。而动物作为生物环境中最活跃的物种之一，可为休闲体育项目的设计注入活力，即动物可为参与者带来别样的休闲体育体验方式，如可开展骑骆驼、骑马、赶羊车、骑牛、饲喂动物等休闲体育项目。

虽然丰富多彩的生物环境能为开展休闲体育活动提供优良的条件，但作为管理者而言，需注意生物环境对参与者在休闲体育活动过程中所带来的某些威胁。在生物环境中，开展休闲体育活动可以使人增长知识、开阔视野，增进与动植物的亲近感，提高人们参与休闲体育活动的兴趣。但生物环境中有的动植物对活动者有不利的影响，有些动植物时常会给参与者的休闲体育活动带来消极后果，以不同的方式影响参与者的活动甚至危害参与者的人身安全。因此，管理者在安排活动者外出参与休闲体育活动时，特别是在山中和林区行进的过程中，要提醒活动者提高自我保护意识，注意安全防范。出行前，着装应为长袖上衣和长裤，并且带上驱虫剂，喷洒在衣物上，以防蚊虫叮咬。同时，管理者应该准备一些应急药物，如果发现参与者被蚊虫叮咬或者皮肤有红斑，应及时涂抹或服用药物，严重的应送往医院检查治疗。因此，在有危险性的区域开展休闲体育活动，如爬山、户外生存、定向越野，管理者应尽量不安排在陌生的区域活动、露营。若是在我国的天山、长白山、六盘山、太行山、祁连山和武夷山等地开展休闲体育活动，在穿过草丛时应谨慎小心，注意预防莱姆病的感染。

二、社会环境因素的影响

社会环境是与自然环境相对的概念，它是在自然环境的基础上，人类通过长期有意识的社会劳动，加工和改造的自然物质、创造的物质生产体系、积累的物质文化等所形成的体系。社会环境一方面是人类精神文明和物质文明发展的标志，另一方面又随着人类文明的演进而不断丰富和发展，所以，也有人把社会环境称为文化社会环境。

（一）政治环境对休闲体育项目策划与管理的影响

体育活动作为社会发展的组成部分，不是孤立存在的，体育活动与政治存在着复杂、互动的深刻关系，其发展规律受到一定社会政治的制约，并在社会文化现象的相互影响中体现其规律。体育活动作为社会文化的组成部分，从历史角度看，与政治的联系是一种客观存在，与一定历史发展阶段相适应。同时，体育对政治环境也具有反作用力。它以其特有的方式反作用于政治环境，从不同的方面能动地影响、改变着政治环境。

1. 政治需要影响休闲体育项目的目的和性质

政治是对社会最根本、最宏观的控制和调节系统，对社会的各个系统施加影响。休闲体育项目作为社会系统的一部分，它也必然会受到政治因素的影响。在阶级社会里，社会需要集中体现统治阶级的利益、愿望和要求，因而使休闲体育的目的、性质带有鲜明的阶级烙印和时代特点。休闲体育的领导管理机构控制在统治阶级手中，并通过一定的具体政策、组织、管理和措施来实现这种机制。在特定历史时期，由于政治任务的紧迫性，休闲体育的目的、性质受政治的影响就表现得极为明显。

2. 政治制度影响休闲体育项目的管理制度

体育制度是政治制度的一部分，它是政治的缩影，不同的社会政治制度制约着不同时期的体育制度。政治制度的变革与体育体制的改革是相联系的。对于休闲体育项目而言，其具体制度的建立和完善必须同政治制度协调。在各个历史时期，政治制度对体育制度具有直接的或间接的、积极的或消极的制约作用。

3. 政治思想意识影响休闲体育项目策划与管理的价值观念

政治思想意识决定着体育的价值观念，影响着休闲体育项目设计与管理的价值观念。在科学发展观的引导下，以人为本的思想作为体育核心价值理念，注重个体对体育的需求，真正惠及全民，融入世界体育之中。

（二）经济环境对休闲体育项目策划与管理的影响

经济是体育发展的物质基础。在所有的社会环境因素中，经济因素对体育产业的影响最为重要。它不但对体育产业产生着直接的影响，而且还通过对政治、法律、文化教育等其他环境因素的影响来间接地对体育产业产生影响。经济因素包括国家的经济特点、经济发展速度、经济制度的基本方向、国家的货币财政政策、经营资金的供应渠道、参与国际经济活动的程度、通货膨胀的趋势、国家与其他国家的经济关系、经济联系和经济往来等。在所有这些因素中，与体育产业最密切的为经济发展水平、经济发展模式、国家投融资体制这三个因素。

1. 经济发展水平对休闲体育项目策划与管理的影响

经济发展水平是指一个国家经济发展的规模、速度和所达到的水准。反映一个国家经济发展水平的常用指标有国民生产总值、国民收入、人均国民收入、经济发展速度和经济增长速度。近年来，我国人均GDP持续增长，人们的生活水平明显提高，人们对于娱乐的需求也逐渐增长。国家经济发展水平对体育事业的运行和发展产生直接的影响，决定了体育事业的发展规模与速度；同时，也影响着休闲体育项目的结构、方式和手段，以及活动项目规模的大小。

在进行休闲体育项目设计与管理时，我们必须充分考虑经济发展水平这一因素。当经济发展水平较高时，人们的收入水平较高，参与休闲体育活动的需求就强烈，需要对休闲体育项目设计与管理的结构、方式和手段就应做出相应的调整，从而与经济发展水平相协调。

2. 经济发展模式对休闲体育项目策划与管理的影响

所谓经济发展模式，是指在一定地区、一定历史条件下形成的独具特色的经济发展道路，主要包括所有制形式、产业结构和经济发展思路、分配方式等。但它表示的不是经济生活中的物质实体，而是经济主体运行中带有本质性和总体性的特征，是指一个国家或地区对国民经济进行调节或管理的形式和方法。经济发展模式是制约体育产业发展的重要因素，决定着体育市场与体育产业的发展，世界各国体育的发展模式无不打上了经济发展模式的烙印。因此，休闲体育活动项目的设计管理与国家经济发展模式有着密切的联系。

3. 国家投融资体制对休闲体育项目策划与管理的影响

国家投融资体制对休闲体育项目的影响体现在以下几个方面。首先，在体育产业发展初期，如果政府能在资金上加以引导和倾斜，加大体育事业的投入，就可以为体育产业的发展提供基础条件。其次，政府通过制定鼓励政策，积极吸引多种投资主体进入体育产业，从而为发展休闲体育产业提供更多的启动资金。第三，在体育产业发展初期，由政府建立一定规模的产业组织是必要的，只有当市场初步拓展开，并取得一定的投资效益后，其他投资主体才会投入该产业。最后，体育产品和体育服务是体育产业的重要组成部分，我国体育用品的生产规模在不断扩大，体育用品的生产厂家也在飞速增长，这带动了体育产业的全面启动，体育厂家成为投融资主体的重要组成部分，可以以上市的方式、贷款的方式来筹集大量的社会资金。这就需要国家完善投融资体制改革，为休闲体育产业发展创造良好的投融资环境。

（三）社会人文环境对休闲体育项目策划与管理的影响

社会人文环境是当今最时髦的一个词汇，它的产生和广泛使用适应了人类社会文明进步的客观需要，实际就是指人们生活过程中所处的社会环境。体育是人的社会实践活动，不同的人文因素通过影响社会成员的道德和文化水平，在不同层面上制约了休闲体育的运作和发展。体育人文环境是指围绕体育这一主题发生影响的社会各种文化因素，具体来说，即文化环境、科技环境、信息环境。

1. 文化对休闲体育项目设计与管理的影响

文化的发展是现代企业经营管理的重要标志。强大的文化底蕴是企业在现代社会激烈的竞争中站稳脚跟的重要因素，是企业迎接将来更大挑战的必要准备。文化使企业的决策模式呈现出多元文化交融的色彩。随着市场经济的发展，文化逐渐成为推动企业战略发展，在激烈的社会竞争中提升核心竞争力的关键，同时也是现代企业经营管理的重要工具。地域文化和"圈子文化"对休闲体育项目策划与管理具有较大的影响。地理环境和自然条件的不同，导致历史文化背景的差异，使各个地域之间存在着不同的文化特征；同时，各地域文化之间存在着相互联系、相互影响的关系。因此，在进行项目设计与管理的过程中，必须考虑不同地域文化对项目设计与管理的影响。当今社会存在着许多不同的"社会圈子"，在这些不同的"社会圈子"当中又形成了不同的"圈子文化"。这些"圈子文化"不是孤立地存在着，它们与各个"圈子文化"之间紧密地联系在一起，形成相互影响、相互制约的关系。为此，在对休闲体育项目设计与管理的过程中，也要充分考虑不同的"圈子文化"对项目设计与管理的影响。

2. 科技对休闲体育项目策划与管理的影响

现代体育的发展历史表明，体育和科学技术是分不开的。有研究认为，现代体育的三大趋势就是国际化、科学化和社会化，其中科学化是体育现代化的决定因素。科学技术作为第一生产力，推动了设计管理技术与设计管理理论的完善，影响着设计管理环境、设计管理模式、设计管理手段以及具体的设计管理活动。科学技术对器材设备和项目难度有着直接的影响。随着科学技术的快速发展，各种器材设备在原有的基础上有了很大程度的改进。对体育项目设计与管理来讲，新器材和新设备的出现将会对项目设计与管理产生巨大的影响，对项目设计与管理的合理性和可操作性提供了重要保障。

3. 信息对休闲体育项目策划与管理的影响

信息技术的不断发展与完善对现代项目设计与管理影响巨大，它可以提高项目设计与管理的效率，同时也促进网络式项目设计与管理组织结构的出现，以适应如今变化多端的环境。并且，通过信息技术可以构建全通道的沟通渠道，提高项目沟通的有效性。信息技术与项目设计管理相结合是与项目设计管理本身的特点相联系的，项目设计管理是一门依靠信息的科学，从项目的产生一直到项目的结束，一切活动都需要详细、真实而及时的信息。现如今，各行各业都在应用信息技术，促进自身不断发展、完善。各种产业迅速与信息技术相结合是各行各业发展中的一个最为重要的特征，而信息技术应用到项目设计与管理中也是大势所趋。项目设计与管理借助信息技术，不仅可以更加有效地对时间、绩效、成本等项目的基本目标进行管理，而且还可以提高项目的范围、人力资源、沟通、风险、变更等各项设计的效率。可见,拥有丰富的信息量可以促进项目设计与管理的健康快速发展。

三、项目特性因素的影响

单个休闲体育项目本身是独立的,有其自身特点,对活动参与的主体、活动的方式,以及活动相关的物质保障均有不同的内在要求。在进行项目策划与管理时,必然要遵循这些客观的内在要求,才能保障项目安全开展,让参与者享受休闲体育带来的美好。

(一)器械设备对项目策划与管理的影响

在开展体育运动的过程中,必须高度重视体育运动项目设备的安全。体育运动中发生的安全事故,设备方面的主要原因有设备数量有限、选用设备不当、设备安装错误、设备维修保养不当、设备操作不当以及设备本身存在安全隐患等。设备在体育运动中起着重要的作用,特别是在户外运动中装备起到的作用非常大。优质的设备不仅能保证户外运动正常开展,更为休闲体育活动参与者的人身安全提供了重要保障。在户外攀岩运动中,如果所用到的绳索、锁扣、下降器、安全带、头盔等任何一项出现故障,都会对攀岩运动的正常开展以及参与者的人身安全造成影响。因此,在进行项目设计与管理的时候,必须考虑装备设备对体育运动项目带来的影响。

(二)活动主体对项目策划与管理的影响

休闲体育运动项目具有很强的自主参与性,体育参与者是活动主体。在进行体育活动的过程中,参与者的安全也会影响到项目的设计与管理。参与者对体育运动缺乏基本的认识,或者盲目乐观,过高估计自己的能力,没有按照教练员的指导进行操作都可能对参与者的安全构成威胁。参与者突发的身体状况会对体育运动带来不利的影响。在进行体育运动时,可能会遇到一些突发性疾病,如突发性心脏病、突发性脑出血、心肌梗死,这些疾病都会对参与者的生命安全带来影响。在进行体育运动之前,特别是户外体育运动，参与者应到医院进行一次全面的健康检查，以确保健康出行。同时，体育运动项目中的组织者（亦称为领队及相关人员），是体育运动项目的具体活动带领者。优秀的领队及相关人员能够为参与者提供必要的安全向导，并根据其丰富的经验识别户外活动过程中的风险，采取必要的措施来应对。相反，缺乏风险识别能力、沟通能力、组织协调能力、应变能力的领队及相关人员会影响到体育运动项目进行。为此，在参与体育运动项目时，必须充分考虑参与者、组织者的安全因素。

（三）组织管理对项目策划与管理的影响

组织管理是指通过建立组织结构，按照一定的规则程序构成的一种责权结构安排和人事安排，确保以最高的效率实现组织管理目标。目前，我国体育运动组织管理体系还不健全，在一些体育运动进行中缺乏行之有效的组织管理。科学的组织管理对于体育运动项目安全来讲是十分重要的，而我国体育运动项目组织管理还存在一些问题。在体育运动项目开展的过程中，如果体育组织管理部门和体育组织管理者对体育运动项目的组织管理协调不当、监督力度不强，可能会影响到运动项目的顺利进行，导致安全事故的发生。因此，体育组织管理部门和体育组织管理者应该提升组织管理能力，为体育运动项目健康有序开展提供保障。

第二章

休闲体育项目
策划基础理论

本章主要介绍了休闲体育项目策划的内涵、意义、原理、方法、内容。内涵与意义主要介绍了休闲体育项目策划的观念与概念问题；原理主要介绍了休闲体育项目策划的理论与依据问题；方法主要介绍了休闲体育策划的途径和手段问题；内容主要介绍了休闲体育策划的基本要素问题。

第一节
休闲体育项目策划的内涵与意义

一、休闲体育项目策划的内涵

策划是指人们为了达成某种特定的目标，借助一定的科学方法，为决策、计划而构思、设计、制作策划方案的过程。策划在《辞源》中作"策书、筹谋、计划、谋略"解，在英语中近似"strategy plan"。《孙子兵法》云："凡战者，以正和，以奇胜。""正"就是艰苦奋斗，"奇"就是锐意创新。这里的"奇"就是策划，"奇"上面一个"大"字底下一个"可"字，"大"就是要超出常人的想象，"可"就是要在常人的情理之中。所以，策划就是既要想到常人想不到的地方，说出来的道理又要让常人理解。简单来说，策划就是策略、谋划，即为了达到一定的目标，在调查、分析有关材料的基础上，遵循一定的程序，对未来某项工作或事件事先进行系统、全面的构思、谋划，制定和选择合理可行的执行方案，并根据目标要求和环境变化对方案进行修改、调整的一种创造性的社会活动过程。休闲体育项目策划是指以一定的资源条件和社会需要为基础，以娱乐身心和丰富业余生活为目的，对休闲体育项目的主题、内容、形式进行事先分析研究，并做出谋划和决策的一个理性思维过程。这一思维过程至少包括三个方面的内涵：

其一，休闲体育项目策划就是拟定活动流程。

策划是一种程序，本质上是一种运用脑力的理性思维行为。策划是针对未来要发生的事情做出当前的决策，找出事物的因果关系，衡量或者度量未来的途径有哪些可以作为目前决策的依据。

其二，休闲体育项目策划就是拟定管理职能。

管理的基本职能包括计划、组织、领导、控制。在管理的四项职能中，策划贯穿管理活动始终。策划是以科学方法对信息进行处理，对所有资源进行整合，最后实现效益优化的一种管理职能。

其三，休闲体育项目策划就是制定内容体系。

根据《中华大词典》的解释，系统是指同类事物按一定的关系组成的整体，如组织系统、循环系统。按照"系统"的观点，要把决策的事物作为一个整体来研究，进行系统研究、整合研究。其基本步骤是，首先确定目标，然后通过市场调查、环境分析，形成基本创意，拟订方案，最后进行评价筛选、方案选优，并在实施过程中不断进行反馈和调整。

二、休闲体育项目策划的意义

古语说，"凡事预则立，不预则废"，又说"未雨绸缪"，也就是要预先计划、事先谋划。这种"预先计划、事先谋划"就是策划。中国古代军事策划非常注重"运筹于帷幄之中，决胜于千里之外"，可见"预先计划、事先谋划"的重要性。

休闲体育活动具有游戏、娱乐特征，多是自愿参加而非专业组织，尽管有活动规则，但并不是正式的体育比赛。从其活动的性质来看，这些群体性、参与性的休闲体育活动我们一般归类为"趣味活动"项目，即通过休闲运动项目来放松身心、发掘潜能、实现自我。休闲体育本身是丰富人们业余生活的活动，休闲体育项目策划主要表现在设计一份完整的活动方案上。

对美好生活的向往是人类的天性，休闲体育与工作（学习）相辅相成，健身娱乐更是现代人不可或缺的生活方式。休闲体育可伴随着人的一生，每个人都会经历或参加很多休闲体育活动。重视休闲体育项目的策划，让现代人的业余生活变得更加丰富多彩，对休闲体育服务、场所的提供者来说十分重要。休闲体育活动必须经过事先周密计划，才能达到预期的效果。策划是办好休闲体育项目不可缺少的基本工作，也是学习本课程需要掌握的最为重要的基础知识之一。

综合前文关于休闲、体育、休闲体育等名词的辨析，结合策划对于休闲体育项目的意义，本书认为，休闲体育活动其实就是休闲体育项目的具体化，比如，"围棋"对应休闲体育项目，而"第十届步步高成长杯青少年围棋联赛"则对应休闲体育活动。所以，从策划的意义视角出发，休闲体育项目策划其实就是通过预先计划与谋划，将休闲体育项目的内容具体化、系统化，从而使之成为一种切实可行的具体活动。可以说，正因为策划的驱动与催化，才使得休闲体育项目成为休闲体育活动。

第二节

休闲体育项目策划的基本原理

原理是指自然科学和社会科学中具有普遍意义的基本规律。原理是在大量观察、实践的基础上，经过归纳、概括、演绎而得出的，来源于实践又高于实践，既能指导实践，又必须经受实践的检验。

策划原理，是指策划活动中具有普遍意义的基本规律。策划的方法有点、线、面、体四个维度。我们所说的点子、创意、策划、整合基本上对应策划原理中的点、线、面、体四个维度。平常人们所说的"出点子"，只是点式策划的一种形态而已，我们更需要创意（线型）、策划（平面）和整合（立体），即把好的点子、创意连贯起来进行系统的整合研究。具体来说，休闲体育项目策划的一般原理主要有点式效应原理、偏好效应原理、全局效应原理、联动效应原理、互动效应原理、轰动效应原理、乘数效应原理和心理效应原理。

一、点式效应原理

以点带面，抓住最吸引参与者的某个兴奋点，带动整个活动的展开。这在商业竞争中运用最多，如突出某一产品的优惠价格来吸引消费人群，以带动别的商品销售，实际上可能只是某几件商品或某个柜台打折，而不是全部商品打折。与点式效应原理相对应的是面式效应原理，在商场里就是全场优惠（打折）。

二、偏好效应原理

社会节奏很快、工作压力很大，这个时候如果有人提议出去玩一下肯定会得到大家的响应，如春游、秋游、郊游、远足……现代商业竞争非常普遍，大家都在不断地迎合消费者的需求，投其所好，引进一些别人没有的产品、设施、技术等，来达到与众不同的效果。

三、全局效应原理

活动效果是指活动本身产生的效应，活动效益指的是活动过程中所得到的好处。在休闲体育活动策划过程中，大多数情况下活动效果与活动效益并不完全一致，在休闲体育活动策划中必须坚持效果优先、兼顾效益的原理，做到活动效果与活动效益的完美结合。

四、联动效应原理

追求活动的联动效应，即强调活动的配合和呼应，运用活动产生的整体效果产生联动影响。主题活动、辅助活动、配套活动、外围活动、热场活动各有亮点，高潮迭起，会不断激发参与者的兴趣和热情。休闲体育娱乐场所此起彼伏的欢笑声本身就是一道风景，也是休闲体育项目策划联动效应的真实写照。

五、互动效应原理

互动效应是指在休闲体育活动过程中，通过互动来最大限度地发扬自由、幸福、快乐的精神以及由此带来的良好效果和体验，是实现休闲体育活动的目的和体现活动主题的动态过程。一项成功的活动策划必然是互动良好的、让人回味无穷的过程。互动效应就像活动的"气场"或"磁场"，所有参与者的兴趣和热烈的气氛都可以通过互动环节调动起来。任何一项休闲体育活动，能互动起来就是成功的保障。

六、轰动效应原理

大型活动、节庆活动、赛事活动等社会公众参与性活动，更要重视轰动效应原理，通过媒体放大焦点，让社会认同、公众认知，产生轰动性效应。在休闲体育活动策划与实施过程中，可通过广告策略、媒体组合策略、市场推广与整合营销策略的运用等来制造轰动效应。新闻媒体的传播作用可以极大地扩大活动的轰动效应。休闲体育活动策划要善于运用轰动效应原理，借助媒体、网络、人脉关系、社会机构等各种载体，扩大活动的社会影响，提升活动的知名度。

七、乘数效应原理

乘数效应原理又叫"倍数效应原理"，是指一个变量的变化以乘数加速度方式引起最终量的增加。休闲体育活动策划引入乘数效应原理，主要是从活动初期到最后期望的效果之间。从活动不为社会公众认知，到社会公众蜂拥参加之间有着不容忽视的乘数效应，活动策划者应当事先考虑到这种乘数效应。

八、心理效应原理

休闲体育活动具有体验性，是一件值得回忆的美好的事情。要让人津津乐道、回味无穷，必须运用美好心理效应原理，在休闲体育活动过程中尽量减少或避免不愉快的事情发生。

心理效应原理的具体运用主要表现在以下几方面。

1. 印象加深心理

这主要通过广告宣传、新闻报道等，让现实参与者和潜在参与者不断加深印象。广告或新闻播出的次数越多，受众对该事件的印象就会越深刻。这一原理尤其适合于活动营销与推广。

2. 潜移默化心理

有时候看到周围人群的休闲体育消费行为，本人会因为好奇心或者下意识，时间长了也会慢慢受到影响，我们称之为"潜意识的觉醒"，从而产生自觉或不自觉的消费行为。

3. 减压心理

现代人生活压力很大，尤其是年轻人，学习、就业压力很大，需要通过休闲体育活动释放压力、减轻压力。尽管有些事物可能引起人们的反感，让人不舒服，但是如果在人们的忍受限度之内，也可以扩大活动的知名度和影响力。如2008年，杭州西湖国际博览会期间有一项活动叫"小丑嘉年华"，利用各类小丑形象做广告，就取得了很好的效果。

4. 品牌铸造心理

休闲体育活动消费的产品或服务同样需要品牌。休闲体育活动策划要注重打造品牌。人们进行休闲体育消费并不完全是因为产品或服务的特性、价格、质量等，还因为对品牌的信任、崇拜。品牌其实是一种消费心理的长期积淀和认同。巴西狂欢节、西班牙奔牛节、德国慕尼黑啤酒节等都是经过几十年甚至几百年的长期积累，世界各国的游客会不远万里前去体验，这说明品牌效应的重要性。休闲体育项目策划也需要铸造品牌，力争把休闲体育项目打造成为当地，甚至全国性、国际性的盛事。

5. 色彩心理

五彩缤纷的色彩是烘托休闲体育活动场所的重要载体。休闲体育活动本身属于"注意力经济"，色彩缤纷可以吸引注意力，了解色彩的一些特点并自觉运用到活动策划中非常重要。色彩由暖色调至冷色调的顺序一般为红、橙、黄、灰、紫、白、绿、蓝、黑。白色一般为中性色调，以白色调为界，前面的为暖色调，后面的为冷色调。不同的色彩可以使人产生不同的心理感受：红色、橙色、黄色为暖色，象征着太阳、火焰、热烈；绿色、蓝色为冷色，象征着森林、大海；灰色、紫色、白色为中间色，象征着建筑、彩霞、白云。红色和明亮的黄色调成的橙色给人活泼、愉快、兴奋的感受。青色、青绿色、青紫色让人感到安静、沉稳、踏实。色彩还可以使人有距离上的心理感觉。暖色为前进色，有膨胀、亲近、依偎的感觉。冷色为后退色，有镇静、收缩、遥远的感觉。暖色感觉柔和、柔软，冷色给人坚实、强硬的感觉。

6. 消费差异心理

不同消费人群的情感、知觉、文化素质等各不相同，休闲体育消费人群也存在心理差异。休闲体育策划要善于分析不同人群的消费特征，通过分析顾客心理进行市场细分，开展针对性、有效性策划，才会取得好的效果。要不断营造活动的新意、亮点，激发参与者的好奇心和参与欲，有效分散消费者的注意力而达到自己的目的。

第三节
休闲体育项目策划的基本方法

　　休闲体育项目策划事关项目的性质和方向，方法就是依据一定的性质与方向对内容和形式进行一系列推演，从而实现项目的系统化、具体化。概括起来，休闲体育项目策划的方法主要有深入挖掘法、外部借鉴法、理性预测法、规划整合法、抽样调查法、网络调查法、头脑风暴法、专家调查法、过程决策法和系统分析法等。

一、深入挖掘法

　　简而言之，深入挖掘法就是充分挖掘项目可以利用的直接与间接资源，从而实现对项目的系统规划。具体来讲，也就是首先分析当地休闲体育活动，对其重新进行名称、理念、内容等的定位，然后利用传统资源，策划和开发满足客源市场需求的休闲体育项目。这种项目既保护传统资源，又赋予休闲体育活动时代气息。进行这类休闲体育项目策划一定要注意对传统资源进行合理、适度的包装和开发，防止出现因深度挖掘不足而导致缺乏内涵和市场吸引力低下等问题。同时，反对因为开发、包装过度而导致的对传统资源的滥用。

二、外部借鉴法

　　外部借鉴法是指直接引进或者模仿其他国家和地区的活动名称、形式、内容的一种休闲体育项目策划方法。这种方法应该注意的是，要与所借鉴的休闲体育项目进行差异化定位，要在借鉴的同时求发展，要体现当地特色。

三、理性预测法

理性预测法是指通过分析社会、经济、文化等综合信息，预测消费心理和消费趋势、经济发展前景和潜力、营销理念、技术发展趋势等，从而策划全新的休闲体育项目。这种休闲体育项目由于形式、内容新颖，更能吸引公众和赞助商的眼球。

四、规划整合法

规划整合法是对多个休闲体育活动进行整合，是提高举办效率、取长补短、实现新思维的重要途径。整合是各种优势资源的集中与互补，是各种市场要素协调配置的有机重组。同类的休闲体育项目进行主题整合、内容整合、市场整合、组织运作整合，不仅可使内容丰富、市场更集中，还会大大提高组织运作效率，避免重复举办而造成的浪费，有利于推行统一的形象、品牌。

五、抽样调查法

这是市场调查的重要方法之一，是指按照一定方式从调查总体中抽取部分样本，用样本结论说明总体情况的一种调查方法。抽样调查分为随机抽样和非随机抽样，常用的抽样方法有简单随机抽样法、分层抽样法、等距抽样法、配额抽样法等。抽样调查法是目前国际上公认和普遍采用的科学的调查手段，调查的理论基础是概率论。

六、网络调查法

这是通过网络系统地、有计划地、有组织地收集、调查、记录、整理和分析市场数据，进行客观地测定和评价。具体来说，网络调查可以分为网络访谈、电子邮件问卷调查、BBS电子公告板、QQ群联动调查等。网络调查具有及时、共享、便捷、无时空限制、低成本等优点，但也存在随意性较大，只反映一部分网民意见等的缺点。

七、头脑风暴法

头脑风暴法与我国的"诸葛亮会"类似。这是一种思考者考虑多种可能的解决方案，从而提升思维创造力的集体训练法。头脑风暴法可分为直接头脑风暴法（通常所指的头脑风暴法）和质疑头脑风暴法（也称反头脑风暴法）。一般采用会议的形式进行，前者是尽可能地激发创造性，专家们提出尽可能多的方案，后者则是对提出的设想、方案逐一质疑。并分析其现实可行性的方法。一般由5~13个专家参与为宜，主持人要熟悉所讨论的问题及其相关的知识，并要善于引导。参加人员既要有内部的人员，也要有外部的人员。

头脑风暴法有4条规则：①不互相指责；②鼓励自由地提出想法；③欢迎提出大量方案；④欢迎完善别人提出的方案。在会议上对表达的设想不必追求全面系统，但记录工作一定要认真。国外经验证明，采用头脑风暴法提出方案比同样的人单独提方案的效率要提高65%~93%。

八、专家调查法

专家调查法是指采用问卷、电话、网络等方式，反复征求多个专家意见，做出统计，如果结果不一致，就再进行征询，直至得出比较统一的方案。这种方法的优点在于专家是背对背，没有权威压力，表达意见自由充分，结论相对客观。作为一种主观、定性的方法，该方法不仅用于预测领域，还广泛应用于具体指标、内容等的确定过程。

九、过程决策法

过程决策法是指在制订计划阶段或进行系统设计时，事先预测可能发生的障碍（不理想事态或结果），设计出一系列措施，从而达到理想结果。依据思维方式不同，又分为顺向思维法、逆向思维法。

1. 顺向思维法

顺向思维法是指定好一个理想的目标，然后按顺序考虑实现目标的手段和方法。这个目标可以是任何东西，如一项大的工程、一项具体的革新、一个技术改造方案。为了能够稳步达到目标，需要设想很多条路线。

2. 逆向思维法

逆向思维就是先从理想状态或最坏结果去考虑：实现这个目标的前提是什么？为了满足这个前提应该具备什么条件？一步一步推回来，一直推到出发点，从而实现策划过程的预先设计。

通过顺向和逆向两个方面的思考，找到可以行得通的方法，这就是过程决策法。

十、系统分析法

系统分析法是指把要策划研究的目标当作一个统一的整体，并把这个整体分解为若干子系统，揭示影响子系统的环境、社会、经济、文化等各项因素，并对获取的信息进行综合整理、分析、判断和加工，选择出最优方案的策划方法。系统分析策划法的主要特征就是从整体的角度揭示出各局部所产生的影响和相互关系，从而找出系统整体的运动规律。它通过明确一切与问题有关的要素（目的、方案、模型、费用、效果、评价）同目标之间的关系，提供完整的信息和资料，以便策划者选择最为合理的解决方法。

第四节

休闲体育项目策划的主要内容

根据活动的程序和步骤，休闲体育项目策划的主要内容包括主题策划、主体内容策划、辅助内容策划、营销推广策划、组织实施策划等。休闲体育项目主体内容策划和辅助内容策划在休闲体育活动策划流程中占有十分重要的地位。

一、休闲体育项目名称与主题策划

（一）名称构成

休闲体育项目名称一般由三部分组成：基本部分（性质和特征）、限定部分（时间、地点、规模、行业范围）、补充部分（具体时间、地点、行业、单位）。其中基本部分和限定部分是项目名称不可或缺的部分。

（二）主题构建

第一，通过内外部充分讨论和不断筛选、论证，选择最佳的项目主题。休闲体育项目主题要反映当地休闲体育文化资源的独特性。

第二，确定活动主题的内涵，阐述活动主题思想，并与当地城市定位、目标定位、形象定位相符合，与相关活动内容相协调。

第三，确定活动的宗旨、目的、意义和开发方向。

第四，确定活动的名称。活动名称要有新意，要准确、贴切地概括活动内容，切忌采用表达含糊的活动名称。

第五，确定活动的特征、时间、地点、规模、范围。比如，此次活动是体育赛事活动还是健身休闲体育活动？是社会公众活动还是特定群体参加的活动？什么时间？在什么地方？这些都要交代清楚。

二、休闲体育项目的主体内容策划

1. 活动开幕式策划

良好的开端是成功的一半，大型活动一般都非常重视开幕式策划。大型活动的开幕式通常有大型文体表演、彩车游行、盛装狂欢和文艺晚会等形式。策划的重点是做好文体表演节目的编排和表演形式的创新。活动开幕式也可以独辟蹊径，通过创新设计达到意想不到的效果。

2. 展示演示活动策划

展示演示活动主要从参与者"玩"的角度来进行策划，要让参与者"玩"得高雅，"玩"得有文化。主办方要想方设法提供"玩"的内容、"玩"的氛围。无论是正式的休闲体育活动，还是非正式的市民参与活动，都是为市民提供休闲的方式、载体，为参与者提供美好的享受。主办方尤其要做好活动现场的装潢、布置、陈列、灯光等策划，让参与者留下深刻而难忘的印象。

3. 演艺活动策划

做好演艺活动的入场、退场、票务预订、销售、交通管制等策划，重视大型演出现场活动的组织与管理，必要时可以委托专业的演出公司进行管理。

4. 配套会议策划

会议策划包括策划高峰会、协会、年会、研讨会、论坛、座谈会等。配套会议是很多休闲体育活动必不可少的内容。策划包括嘉宾人选、会议内容、会议形式等，采取大型会议还是小型专题讨论，举办国内会议还是国际会议，何时与媒体见面，等等。

5. 亮点、热点、卖点策划

休闲体育活动主体内容策划要有亮点、热点、卖点。亮点是指新颖独特性，引起大家的关注；热点是指社会关注的焦点，切合大众心理，激发社会的共鸣；卖点是指活动有足够的"噱头"，经济效益或社会效果明显。

三、休闲体育项目的辅助内容策划

1. 热场活动策划

热场活动包括开幕式期间的乐队表演、时装模特秀、COSPLAY秀、舞龙舞狮等。热场活动策划还包括活动开始的欢迎宴会和结束时的答谢酒会策划等。

2. 配套活动策划

这主要包括活动期间群众文体活动和社会公益活动策划，如群众性体育健身和趣味运动会策划与群众性文化艺术活动策划，可以举办秧歌比赛、健身舞比赛、戏曲大赛、歌咏大赛、围棋赛、麻将赛、桥牌赛等。还可以策划义卖、义演、义工、科普等公益活动，做好活动宣传，维护良好的公共关系和企业形象。

四、休闲体育项目的营销推广策划

1. 造势活动策划

举办方要善于借势发力、借势宣传，利用各种平台和渠道进行宣传，利用新闻报道、广告宣传、公益活动等大造舆论和声势，开好新闻发布会、记者招待会、媒体见面会，利用媒体放大焦点进行宣传。

2. 营销活动策划

营销活动主要指招商招展服务，如新闻发布会（产品推介会）策划、合作伙伴签约仪式策划、招商招展活动策划、市场开发启动仪式策划、电子显示屏倒计时活动策划、徽标吉祥物评选揭晓活动策划。

3. 征集活动策划

对活动会徽、吉祥物、主题口号、宣传画、会歌、会旗、指定产品、纪念品等进行公开征集，扩大社会影响，提高活动的知名度和美誉度；也可以通过定向征集的方式，把当地具有代表性的歌曲作为活动主题歌，或者邀请著名人士谱写新歌，并邀请知名歌星演唱；邀请著名人士创作、修改会徽、吉祥物；委托著名广告策划公司制作活动海报、广告词、主题口号等。2008年北京奥运会吉祥物"福娃"最后邀请著名画家韩美林修改定稿，借助"名人效应"，大大促进了"福娃"的传播。

4. 项目管理策划

项目管理小组实行项目经理（主管）负责制，明确相关工作职责和分工，编制工作实施计划，并及时检查、协调和落实。

5. 活动接待策划

拟定VIP名单，设计寄发（送）邀请函，指定专人负责跟踪联系和现场接待。安排对相关领导接机送机，重要来宾要做到一对一服务。设计制作贵宾证、嘉宾证、代表证、记者证、工作证、通行证、指路牌、席签，妥善安排来宾座席等。

五、休闲体育项目的活动管理策划

1. 组织管理策划

确定活动举办单位、协办单位、支持单位、承办单位、执行单位、赞助单位等。实行活动主体内容板块化分工，分工落实活动目标和任务。

2. 现场管理策划

明确活动组织实施程序、步骤、衔接。实行联席会议、协调会议制度、信息反馈制度等。

3. 预算管理策划

编制财务预算计划，实行财务预算管理，尽可能减少支出，增加收入，实现赢利。

4. 安全管理策划

编制交通管制、现场维护、消防安全计划，编制应急方案和对应措施，对突发事件进行事先防范和演练。

5. 后勤保障策划

根据活动实际需要，确保人、财、物方面的供应，满足活动人员吃、住、行、游、购、娱的基本需要。

第三章

休闲体育项目管理基础理论

前面已对休闲体育项目策划进行了相关探讨，本章将就休闲体育项目管理进行相关探讨，主要介绍休闲体育项目管理的内涵、意义、原理、方法、内容。内涵与意义主要解决休闲体育项目管理的观念与概念问题；原理主要解决休闲体育项目管理的理论与依据问题；方法主要解决休闲体育管理的途径和手段问题；内容主要解决休闲体育项目管理的基本要素问题。

第一节
休闲体育项目管理的内涵与意义

一、休闲体育项目管理的内涵

"管理"一词，《现代汉语词典》给出的解释为：①负责使某项工作顺利进行，如管理财务、管理国家大事；②保管和料理，如管理图书、公园管理处；③照管并约束（人或事物），如管理罪犯、管理牲口。结合本书前面探讨的休闲体育项目及策划的概念，笔者认为，休闲体育项目管理可以理解为负责休闲体育项目全面工作，通过对活动过程的约束与理顺，使休闲体育项目的活动过程顺利进行。

比较一致的对休闲体育项目管理概念的内涵理解有以下几方面。

1. 社会性

管理是一种社会现象，是人类社会生活各种实践领域普遍存在的社会现象。随着休闲时代和大众体育时代的到来，休闲体育作为一种新兴的社会文化现象，被人们广泛接受和参与，为了更好地发展休闲体育，休闲体育项目管理应运而生。

2. 目的性

休闲体育项目管理是有目的的，其目的是为了实现系统预定目标，不断提高系统效益。大到一个国家和社会，小到一家俱乐部和体育社团，根本目的都是有效地生产休闲体育产品，以满足社会和市场需求，最终实现经济效益和社会效益。

3. 主体性

休闲体育项目管理是由管理主体——管理机构和管理者，对管理客体——人（管理核心）、财、物、时间、信息所进行的活动。管理学的研究视角总是站在管理主体（管理者）的角度去思考问题，所以，休闲体育组织机构及其管理者，需要研究如何充分利用人、财、物、时间、信息等各种资源。

4. 整体性

休闲体育项目管理过程一般总是表现为计划、组织、领导、控制等一系列的活动。对于一个休闲体育管理者而言，需要根据休闲体育的特点，确定组织目标和计划，建立合适的组织机构并配备人员，有效领导员工，控制和提高产品和服务质量。

二、休闲体育项目管理的意义

有人群的活动就需要管理，有了管理，人群才能进行正常有效的活动。简而言之，休闲体育项目管理是保证休闲体育项目有效运行必不可少的条件。休闲体育项目管理的意义主要表现在以下两个方面。

（一）有效管理有利于组织发挥正常功能

休闲体育项目管理是活动中组织正常发挥作用的前提，任何一个有组织的集体活动，不论其性质如何，都只有在管理者对它加以管理的条件下，才能按照所要求的方向进行。组织的要素互相作用，产生组织的整体功能。然而，仅仅有了组织要素还是不够的，因为独立的组织要素不会完成组织的目标。只有通过管理，使之有机地结合在一起，组织才能正常地运行与活动。组织要素依赖于管理。管理在组织中协调各要素的活动，并使组织与环境相适应。一个单独的小提琴手是自己指挥自己，一个乐队需要一个乐队指挥，没有指挥，就没有乐队。在乐队里，一个不准确的音调会破坏整个乐队的和谐，影响整个演奏的效果。同样，在一个组织中，如果没有管理，就无法彼此协作进行工作，就无法达到既定的目的。集体活动发挥作用的效果大多取决于组织的管理水平。

组织对管理的要求和对管理的依赖性与组织的规模是密切相关的。

共同劳动的规模越大，劳动分工和协作越精细、复杂，管理工作也就越重要。一般来说，在手工业企业里，员工进行共同劳动，有一定的分工协作，管理就成为进行生产所不可缺少的条件。但是，如果手工业企业的生产规模较小，生产技术和劳动分工也比较简单，管理工作也比较简单。现代化大工业生产，不仅生产技术复杂，而且分工协作严密，专业化水平和社会化程度都高，社会联系更加广泛，需要的管理水平就更高。

工业如此，农业亦如此，一个规模大，分工复杂，物质技术装备先进，社会化、专业化和商品化水平高的农场，较之规模小、部门单一、分工简单、以手工畜力劳动为主、自给或半自给的农业生产单位，就要求有高水平、高效率的管理。

总而言之，生产社会化程度越高，劳动分工和协作越细，就越要有严密的科学的管理。组织系统越庞大，管理问题也就越复杂，现代化生产系统要求有相当高度的管理水平，否则就无法正常运转。

（二）有效管理有利于休闲体育目的的实现

组织是有目标的，只有通过管理，才能有效地实现目标。在现实生活中，我们常常可以看到这种情况，有的亏损企业由于换了一个精明强干、善于管理的厂长，很快扭亏为盈；有些企业尽管拥有较为先进的设备和技术，却没有发挥其应有的作用；而有些企业尽管物质技术条件较差，却能够凭借科学的管理，充分发挥其潜力，从而在激烈的社会竞争中取得优势。通过有效地管理，可以放大组织系统的整体功能，使组织系统的整体功能大于组织因素各自功能的简单相加之和，起到放大组织系统的整体功能的作用。在相同的物质条件和技术条件下，由于管理水平的不同，会产生不同的效益、效率或速度。

在组织活动中，需要考虑到多种要素，如人员、物资、资金、环境，它们是组织活动不可缺少的要素。每一要素能否发挥其潜能、发挥到什么程度，对管理活动会产生不同的影响。有效的管理在于寻求各组织要素、各环节、各项管理措施、各项政策以及各种手段的最佳组合。通过这种合理组合，就可以充分发挥这些要素的最大潜能，使人尽其才，物尽其用。例如，对于人员来说，每个人都具有一定的能力，但是却有很大的弹性。如能积极开发人力资源，采取有效的管理措施，使每个人聪明才智得到充分的发挥，就会产生一种巨大的力量，有助于实现休闲体育活动的目标。

第二节

休闲体育项目管理的基本原理

休闲体育项目管理的原理即在休闲体育项目管理中应该遵循的基本规律，这些基本规律是从大量管理实践中概括提炼出来的，可以帮助管理者避免在自己的工作中出现重大失误。休闲体育项目管理所具有的不同于其他类型体育管理的特点，决定了在休闲体育项目管理中，除了要遵循一些共性的体育管理原理以外，还应有一些特殊的管理原理。

一、人本性原理

人本性原理指在休闲体育项目管理中，必须树立以人为本、为民服务的思想，将参与者和消费者的利益放在首位，做到亲民、便民、利民。这主要是由休闲体育项目管理对象的主体性特点所决定的。

以人为本不仅是一个理念，更重要的是必须落到实处，在休闲体育项目管理的每个环节都具体体现出来。计划的制订要更多地以指导性计划为主，而不是指令性和强制性的。提供休闲体育服务的机构或场所无处不在，以保证各类人群参与休闲体育活动的方便。活动场地的设计体现人文关怀，为参与者提供宽松的休息及娱乐环境。由于休闲体育的参与对象是主动自愿的，参与者有权对自己的活动进行选择，这就要求休闲体育项目管理者不仅要尊重参与者的个人爱好和选择，还要在具体的组织实践中，提供多种多样、形式各异的活动内容和形式，让人们根据自己的爱好和需要去自主选择。

二、激励性原理

激励性原理指在休闲体育项目管理中，运用激励手段，通过激发参与者的内在动机，最大限度地调动参与者的积极性。这是由休闲体育项目管理对象的主体性特点和管理方法的非强制性特点所决定的。人们是否愿意在自己的业余时间中让体育占一席之地，是否愿意通过运动来度过休闲时光，在很大程度上取决于他们的体育观、健康观，取决于他们将体育活动与其他文化活动，如看电视、聊天、读书等进行比较时的价值判断。在休闲体育项目管理的诸环节中，如何启发人们内在的体育动机，使"让我参与"变为"我要参与"，通过激励机制把休闲体育内化为人的行为，成为一个至关重要的问题，因为只有在这种情形下才有真正意义上的休闲体育。

有关激励的理论是当代管理学中的热点，已有一些比较成熟的理论模型，如需要层次理论、双因素理论、期望理论、目标理论、强化理论、公平理论。有关激励的方式方法也有很多，如奖惩激励、榜样激励、竞赛激励、反馈激励、感情激励、赏识激励，都可以应用于具体的休闲体育项目管理实践中。

三、社会性原理

社会性原理指在休闲体育项目管理中，要充分调动社会兴办体育的力量，在政府宏观管理和提供基本体育服务的基础上，以社会体育组织为主体，广泛依托社会积极开展工作。这是由休闲体育项目管理组织形式的多元性和管理系统边界的模糊性所决定的。

构建群众性体育服务体系，要坚持政府支持与社会兴办相结合。政府重点支持公益性体育设施建设，群众性体育组织和体育活动以社会兴办为主，鼓励、支持企事业单位和个人兴办面向大众的体育服务经营实体。我国的社会体育组织，特别是非营利的体育组织力量还比较薄弱，生存环境还比较差，其掌握的资源有限，不足以使它们更好地为休闲体育服务。因此，在贯彻社会性原理时，要扶持社会体育组织，使他们迅速发展壮大起来，通过政策法规的效力加经济杠杆的主导，充分调动各种社会力量办休闲体育。

四、经营性原理

经营性原理指在休闲体育项目管理中，把有市场需求的休闲体育作为一种产业，用市场机制去经营管理，以优质的产品满足顾客的需求，追求经济效益的最优化。这是由休闲体育项目管理对象的主体性所决定的。

从经济学的角度，在休闲体育产业中，各类市场主体通过提供各类产品，旨在满足人们多样化、个性化的休闲娱乐健身消费需求。根据休闲体育项目管理对象的主体性特点，人们的选择是自愿的，具有竞争性和排他性，这部分有市场需求的休闲体育体现出私人产品的性质。经济学原理认为，私人产品的供给和交易最有效的方式就是市场机制。我们说休闲体育项目管理不同于学校体育管理、竞技运动管理，甚至不同于群众体育和社会体育管理，是因为后者所提供的产品主要是公共产品和准公共产品，而市场提供的休闲体育是私人产品，这就决定了这部分有市场需求的休闲体育项目管理是按照市场机制去进行经营活动的。所以，在研究宏观休闲体育项目管理时，有必要把休闲体育作为一项产业，从产业经济学的角度来思考；在研究微观休闲体育项目管理时，有必要把一个经营性休闲体育俱乐部作为一个企业，用企业经营管理的理论来分析。

必须强调的是，休闲体育项目的组织形式是多元化的，有一部分休闲体育项目是私人产品，应该采用经营性手段；而另一部分休闲体育项目是政府和非营利组织所提供的公共产品，它们是公益性的和非营利性的，如体育彩票公益金建设的全民健身工程。

休闲体育项目管理的基本方法

休闲体育项目管理方法是在休闲体育活动中，为实现管理目标，保证活动顺利进行所采取的工作方式。休闲体育管理理论必须通过有效的管理方法才能在实践中发挥作用，因此休闲体育项目管理方法是休闲体育管理理论的自然延伸和具体化、实际化，是休闲体育管理理论指导休闲体育项目的必要中介和桥梁，是实现休闲体育项目目标的途径和手段。

一、分权管理

分权就是转交责任，上级领导需要将确定的工作委托给下级，让他们有一定的判断和独立处理工作的范围，同时也承担一部分责任，提高下级的工作意愿和工作效率。因为参与责任提高了下级的积极性，上级可以从具体工作中解放出来，可以更多投入本身的领导工作。

二、漫步管理

漫步管理的意思是，最高领导不要埋头在办公室里，而应尽可能经常地让下属看见他——就像"漫步"那样在企业转悠。企业领导可以直接从职工那里获知他们有什么烦恼和企业流程在哪里卡住了。

三、结果管理

上级要把结果放在管理工作的中心。在管理中给定目标，能提升更多的工作意愿和责任参与。在结果评价时不一定要评价具体某个下属，可以评价一个部门或他所从属的一个岗位。

四、目标管理

上级给出一个下属要达到的目标，如销售额提高15%，各个部门要共同确定达到这目标——提高产品销售，上级则有规律地检查销售额变化的情况。此外，下属们共同追求要达到的目标，促进了团体精神。

五、例外管理

领导只对例外的情况亲自进行决策。例如，一名下属有权决定6%以下的价格折扣，当一个顾客要求10%的折扣时，就属于例外情况了，这必须由上司决定。这个方法的实际困难在于确定什么是正常，什么是例外。

六、参与管理

下级需要参与有些问题决策，尤其是与他本人有关的问题决策。例如，调到另一部门或外面的分支机构任职，当对重要问题有共同发言权时，他们可以认识到调职的意义，这样做可以提高对企业目标的"认同"。

七、系统管理

对企业流程进行系统管理，即把企业作为一个大系统，这个系统就像一个电流调节系统，对那些不断重复的活动下达规定和指令（如机器的开和关、更换和维修）。因此，这种方法主要用于工业企业，将所有工作过程组织成通畅的流程，许多规定是为了保证整个系统的运行。

第四节

休闲体育项目管理的主要内容

项目管理是指在项目活动中运用专门的知识、技能、工具和方法，使项目能够在资源限定的条件下，实现或超过设定的需求和期望的过程。休闲体育项目管理就是将项目管理的原理和方法运用到休闲体育活动的运作过程之中，对相关活动进行监测和管控，以保证休闲体育活动高效地、顺利地完成。休闲体育项目管理的内容涉及现场管理、质量管理、营销管理、风险管理、财务管理、信息技术管理、人力资源管理等。在本节中我们着重讨论休闲体育项目的活动管理、质量管理、营销管理和风险管理四个方面。

一、休闲体育项目的活动管理

按组织活动的流程，活动管理主要包括三个方面的内容：活动筹备工作、活动现场工作、活动结束工作。

（一）活动筹备工作的管理

1. 时间安排

组织一场休闲体育活动需要几个月甚至几年的筹备时间，筹备事项千头万绪。为了保证活动按期成功举行，需要有系统的管理思维，制定详细的日程表，写明各阶段或时间节点需要完成的事项。比如，第一阶段需要设立组委会，设计活动主题标志与标语，制订活动组织计划，编制预算，选择与确认场地。第二阶段需要获取审批或是进行报备（即与安全、交通等政府机构建立联系），招募志愿者，寻找赞助商，联系住宿，联系餐饮供应商，联系医疗服务。第三阶段，需要向各界人士发出邀请或是发动报名，与媒体取得联系，做好宣传工作。第四阶段，需要做好现场布置，确认最后事项。

2. 人员分工

休闲体育活动的完成必须依靠团队协作。首先，将工作人员分成若干小组，将每项工作的目标、内容、步骤、完成的时间等写在工作任务卡上。比如，建立现场布置、市场营销、财务管理、人员培训、安保控制、后勤保障等不同工作性质的任务卡。根据工作性质确立参与人员，组建各工作小组。此外，为了弥补工作中的疏漏或处理紧急情况，还要设立应急小组。

3. 财物准备

任何活动的开展，除了活动的主体——人，还少不了"财"与"物"。俗话说，巧妇难为无米之炊。一个休闲体育项目活动的开展，必须要有一定的经费作为支撑，才能满足活动中对场地、器材、礼品、奖金等的需求。对于活动开展中要领用的物品，事先要做好登记表格，并将相应的物资分好类别，妥善保管。

4. 宣传工作

一次休闲体育活动的举办要获得社会的肯定，必须加强对外宣传，使社会得以了解活动的价值，所以，与社会的沟通交流十分重要。随着智慧城市的建设，云计算、社交平台、移动网络等频频出现在人们的生活中，人们对彼此之间的交流方式有了新的认知。现代大型休闲体育活动的基础性服务工作，不再是单纯地保障电话和网络的畅通，还应该建立公共社交平台，让举办方与参与者有一个互动的空间，使信息能够及时传递。设立官方网站或建立微信、微博官方平台一方面便于发布相关消息与最新动态，另一方面，参与者可以及时反馈信息。

（二）活动现场工作的管理

1. 抵达接待

接待管理主要包含接站服务和报到服务两部分。举办方应提前在机场、火车站、码头、汽车站等各出口处布置好接站点，通过举牌或拉横幅等方式接待参与者，然后安排车辆将他们送至报到处。最好将接站方式、接站地点、班车时间等信息提前告知参与者，并且，接站人员要清楚掌握交通工具时刻表。如果没有安排接站服务，就需要提前与参与者沟通，告之报到地点、时间和到达方式。当参与者抵达后，首先需要核对报名信息，做好现场审核工作，领取服装、资料、纪念品等事项。报到台需要醒目、整洁，工作人员要求热情、干练，将签到、交费、领材料等事宜安排得井然有序，使参与者能够快速地办理好各项手续。也可事先安排好联络员，当参与者到达之后由各联络员协同办理手续，便于节省时间。

2. 组织入住

通常情况下，参与者在报到环节完成之后，紧接着就会办理入住手续。举办休闲体育活动常会选在旅游旺季，酒店房间本就紧张，再加上休闲体育活动会为酒店带来暴发性需求，所以，需要事先做好参与者回执表的统计，根据举办方预算和参与者要求选择酒店类型，预估客房数量，然后做好预订。参与者到达时，工作人员要根据回执表、签到表等引导及协助参与者分配房间、领取房卡；并告之入住须知，提示当天用餐安排和第二天的活动具体安排等。如果参与者对房间提出异议，要尽量进行协调。

3. 餐饮安排

餐饮的安排通常有三种方式：一是由餐饮承包商负责提供餐饮服务，二是依托活动举办地现有硬件设施，提供套餐或小吃服务，三是委托入住酒店提供自助餐服务。如果是借用场馆举办的竞赛参与型或观看型的休闲体育活动，主办方通常会事先进行餐饮招商，众多餐饮在划定区域内为参与者提供各种特色风味的餐饮服务。如果是在景区举行的旅游参与型的休闲体育活动，主办方通常会依托景区的现有设施为参与者提供餐饮服务。如果是学术性质的休闲体育活动，主办方通常会联系酒店提供三餐服务，方便食宿一体。

4. 交通管制

大型休闲体育活动的举行会临时聚集大量人员，如果没有合理的交通管制方案，势必会造成交通拥堵和停车难等问题。在活动举办前，主办方需要与有关政府部门、公共交通运输部门、私营运输部门等取得联系，制订周密的交通运输计划。一是活动举办地要选择离城区较近的场馆或是景区，以减少出行压力；二是鼓励使用公共交通工具，鼓励步行、骑自行车，以减少机动车数量；三是开通接送班车，选择适当路线，尽量错开高峰时段；四是对部分社会车辆进行临时路段限行，有效减少会场周边的车流量；五是对到场的车辆进行有效疏导，指挥合理停放；六是提前布局，对场馆或景区周边临时停车场地进行租用或划界，对大中小型车辆的停放地点进行分类。此外，长跑、自行车运动等一些休闲体育项目可能会占用公共道路，故需要预估人流量，合理设计线路，提前做好相应安排。

5. 人流疏导

休闲体育活动举行时会形成集中人流，对集中人流进行控制、管理，一方面可以减少活动区域内的拥堵现象，有助于维持正常秩序，将发生意外事故的可能性降到最低；另一方面可以提高参与者利用时间的效率，避免由于从众效应而产生冷热点，使得一些活动区域人满为患，设施设备超负荷运转，一些活动区域却又门可罗雀，造成空间资源浪费。人流一般具有不均衡性、不稳定性和短暂性等特点。入场时段人流比较分散，离场时段人流井喷式集中。入场后，人群的聚集区主要分布在场馆或景区的出入口、主要通道、服务区域等，或是有吸引力的区域，包括娱乐表演、纪念品派发的区域。围观的人员渐渐会在短时间内大量聚集。根据人流的上述特点，首先应预测人流规模，科学、合理地设计、布局活动现场。其次，合理安排休闲体育活动的内容，注意内容安排的先后顺序、场地分布、精彩程度等。最后，设立咨询台，完善指示标识。

6. 设施设备

设施设备管理的意义在于提高质量、降低成本、保证安全。现代休闲体育活动的举办对设施设备的依赖性强，这些设施设备通常都是临时安装的，活动结束之后会撤出现场。所以，对临时性设施设备的管理要点是：定时派遣专人仔细检查各种设备，建立专人负责制，在活动期间施行"一对一"制度，确保任务落实到个人；针对一些重要的设施设备，尽量准备备用的设施设备，出现意外情况立马替换；确保设施设备的安全使用，避免因人为操作不当而带来的意外事故。

7. 消防安保

休闲体育活动具有让人兴奋愉悦的特质，所以，参与者的情绪容易被调动起来，集体事件发生的概率也会相应增加。为了防止盗窃、肢体冲突、踩踏等情况的发生，保证参与者的人身财产安全，安保工作是重中之重。特别是开幕式时段，一般有政府负责人、企业精英、工商名流、演艺人士等出席，这些人物平时受社会关注，具有一定影响力，所以要注意其人身安全。安保队伍应由指挥人员、专业保安人员、承办方工作人员、志愿者等组成，部署在出入口、安全通道等处，维持秩序，负责内场和外场巡逻、监控室值班、应急执勤等。此外，还应制定详细的人员配置方案和应急疏散预案，确保万无一失。当然，落实消防安全措施也很重要，特别是在景区举行休闲体育活动。景区由于植被覆盖率高，是火灾事故的高发地。除了对消防通道与设施、设备、电源开关等进行重点检查外，还要组织定时巡逻，发现火灾隐患及时处理。

8. 垃圾清洁

清洁整齐的环境是主办方形象的重要组成部分，甚至代表着举办地的形象。休闲体育活动现场人群聚集，加之有的现场人员对自身的约束能力较差，地面往往可见纸巾、宣传资料、瓜果皮、食品袋子、塑料瓶子、空纸杯等。活动期间，公共区域的清洁卫生一定要搞好，增派人员定时清扫，设施、物品被挪动要及时归位，被污染的地方要及时清除，布置活动现场时要充分考虑垃圾桶的安放个数与位置，可以临时增设一些垃圾桶，分类设置垃圾桶。

9. 指挥联动

指挥联动是指对活动进行过程中的人和事进行指导、监督、协调。第一，指挥联动通过跟踪与检查工作，可以及时纠正休闲体育活动筹备过程中与计划相偏离的现象，保证项目进度，清除安全隐患；第二，通过监督工作人员，可以使项目总指挥全面了解工作进度，纠正下属人员的错误，从而提高整个筹备组的工作能力。过程控制虽然讲求事无巨细，但在时间和精力有限的前提下，不可能面面俱到，有的放矢地控制筹备过程更为切合实际，也就是说，重点控制比全面控制更加有效。工作人员要按人员分工按时上下岗，做到职责明晰，部门内部上下联动，部门之间相互联动，全局一盘棋，需要工作人员上下共同努力，既分工又合作。

（三）活动结束工作的管理

1. 现场整理与还原

许多活动开始时总是风风光光，结束时却草率、马虎。在活动结束时，组织者们总会产生一种懈怠情绪，无论是项目负责人还是普通工作人员，都有种"解脱了"的错觉。许多休闲体育活动的收尾工作十分重要，往往在活动开始之前就要把收尾工作安排妥当，落实到人，明确责任，到时候才不会出现乱场的情况。

活动结束后，重要的一项工作就是清理现场与归还物资，主要工作包括将舞台、展台、展架、展板、横幅、标语、标志等物件安全拆除；租用的设施设备及时归还；严格控制活动用品处理与运出，以免繁忙中丢失物品；台面清理垃圾，检查现场有无遗留物品；向志愿者表示感谢；活动尾款结算；建立反馈平台，与重要参与者保持联系；做好后期媒体、客服工作。

2. 活动总结与评估

撰写总结报告是事后管理的必经环节。总结的内容包括对比计划与实现目标，分析成败原因；财务总决算，说明成本与预算产生偏差的原因，以及对剩余经费的管理与处置；评估项目管理的得与失；此次活动所带来的社会反响，以及对环境的积极和消极影响；主办方团队的表现情况，对各成员的表彰、奖励；对未来相关项目的建议等。通过总结经验教训，分析项目管理的得与失，对举办的详细情况整理、归纳、存档，为下一次举办休闲体育活动提供借鉴。

此外，主办方与各专门委员会必须共同对举办的休闲体育活动的效果进行评估。评估是对已经完成的休闲体育项目的目的、执行过程、效益、作用和影响等进行系统分析，具体评估内容包括确定项目是否达到预期目标、主要收益指标是否实现、运作过程是否合理有效、是否实现了社会效益与环境效益等。通过评估可获得有效数据，为下一次项目投资决策提供参考依据。

二、休闲体育项目的质量管理

提高休闲体育项目的质量，要从实物产品、服务、设施设备、环境氛围等多方面入手，把握质量管理的要点与原则，同时实施全面质量管理战略，运用科学的质量管理方法和技术工具。只有质量上去了，休闲体育项目才能控制成本、创造品牌、超越消费者期望，获得显著的社会效益和经济效益。提高质量的途径在于质量管理与控制，休闲体育项目质量管理是指确定休闲体育活动质量的方针、目标和职责，并通过质量管理体系中的质量控制、保障来完成休闲体育项目的具体活动。休闲体育项目质量管理主要包括劳务输出质量管理、设施设备质量管理、服务产品质量管理和活动环境质量管理。

（一）劳务输出质量管理

人是管理五要素之中最重要的因素。举办一次休闲体育活动，一般有一半的工作人员都是临时聘请的。他们缺乏长期协作的默契，如果他们具有懈怠情绪，缺乏相关知识和经验，都将大大影响服务质量。所以，对人的管理应该从培训与激励入手，从服务态度、服务知识、服务技巧、服务方式、服务效率、个人仪表、言行举止等各个方面给予专业培训，以物质激励、精神激励、情感激励、参与激励、授权激励、绩效考核激励、组织文化激励等各个方面来调动他们的积极性。

（二）设施设备质量管理

设施设备的配置和运转状态是休闲体育项目质量的重要内容。首先是设施设备的人性化设计与安装。比如，场馆进出是否方便，座位是否舒适，有无方便的饮水系统，医疗系统是否建全，电子屏幕指示是否清晰，灯光音响是否理想，洗手间是否方便等，都能够体现活动项目的质量水平。其次是设施设备的完好度。设备一旦无法正常运转，将会导致项目被迫中断，带来的损失将是无法估量的。所以，设施设备一定要由专人全程看管，随时监控，确保无意外发生。

（三）服务产品质量管理

餐饮是大部分参与者注重的，却是一些主办方常常忽视的一点。主办方通常把餐饮外包，自己的工作人员只负责销售饮品。甚至有观点认为，参与者只要能吃饱，不会注重种类、品质。殊不知此举会令休闲体育项目的质量大打折扣。餐饮算是整个活动项目的一环，餐饮种类丰富、美味可口、营养卫生、价格合理，才能获得参与者的认可，为整个活动项目带来意想不到的口碑。

购买纪念品是许多人外出的习惯，纵观目前国内举办的各项体育活动，纪念品设计缺乏特色、做工粗糙、价格偏贵是通病。纪念品的随意会影响活动项目的质量，降低参与者对项目品质的整体评价。长此以往，当人们的消费习惯渐渐发生转移之后，会给体育活动纪念品产业造成不利影响。

（四）活动环境质量管理

人员扎堆可能会出现不文明行为和安全隐患。比如，参与者随手丢弃垃圾，随手摘取花草；不爱惜活动设备；不分比赛项目性质而过度助威呐喊加油；不按规定使用闪光灯，场内随意乱走动，导致现场嘈杂，从而影响比赛秩序；个体发生口角、肢体冲突，进而引发群体事件；燃放礼花造成空气污染；场馆温度过高，观众衣衫不整；不雅的标语横幅肆意拉挂，起哄、吹口哨、怪声尖叫、喝倒彩；观众对运动员、裁判辱骂，或是不同阵营的观众之间随意叫骂……无论上述哪种情况，都会影响到休闲体育项目的质量。主办方应当通过横幅标语、微信、现场宣传活动等形式，呼吁参与者举止文明、爱护环境、尊重其他参与者、注意安全；同时，安排专门的工作人员对现场进行控制。帮助参与者充满激情但不失理智，情感奔放但不失风度，用文明的方式展现对休闲体育的热爱。通过科学管理，使休闲体育项目精彩纷呈，现场整洁、安全、有序，富有文化品位。

三、休闲体育项目的营销管理

营销的成功与否与休闲体育项目的生存息息相关。消费者的需求是市场营销的起点，满足消费者需求是市场营销的最终目标。休闲体育项目的营销过程就是对营销进行管理的过程。休闲体育项目市场营销涉及产品、价格、渠道、促销、人员、过程、物质环境等，围绕这些要素开展市场调研、市场细分、市场选择和市场定位，同时，贯彻新的营销理念，采取新的营销方式，使休闲体育活动的营销管理工作更加出彩。

（一）搞好市场调研

市场调研是休闲体育项目开展营销工作的起点，包含三个基本问题：调研内容是什么、采用什么方法、要达到什么目的。要获取相关信息，项目组织者可成立专门的调研小组，也可聘请专业的商业调查机构。无论采取哪一种方式，最好听取来自民众、企业、政府、学术机构等多方的意见。调研的目的是为了帮助组织者进行市场细分。进一步来说，休闲体育项目组织者通过调研，评判该项目是否具备举办条件，项目举办之后是否有利于品牌的市场推广与价值增长；赞助商等合作者通过调研，评估该项目的举办是否能够提高企业知名度，帮助产品推广；政府组织通过调研，了解该项目的举办是否能够推动群众体育事业发展，是否能够塑造城市形象。

调研的主要内容包括该项目以往的社会评价和市场规模；该项目以往

的广告宣传方式和媒体报道方式；该项目以往的电视转播权问题；该项目以往的赞助商类型、赞助方式，以及绩效评估；该项目以往的运作方式、运作企业及绩效评估；该项目举办地的经济、政治、地理、人口、生态、文化等环境状况；竞争对手的情况和消费者的意愿，等等。数据收集后需要进行评判与预测，一目了然地获得举办该项目的优势、劣势、机会和挑战等信息。评估和预测的主要目的在于辨别该项目带来的经济效益和社会效益如何，项目内容是否具有特色，项目举办的时间、地点是否恰当，项目举办有何意义、影响力，以及是否具有可持续性等。

（二）明确市场定位

市场定位是指休闲体育项目得到消费者认同，在消费者（特别是潜在消费者）心中树立起的良好的、深刻的印象。休闲体育项目进行市场定位的目的是使该项目与其他休闲体育项目产品区分开来，使消费者明显认识到这种差别，从而在消费者心中占有特殊位置。市场定位的关键是找出自身竞争优势，通常有两种方式：一是通过控制成本来获得价格竞争优势；二是提供特色产品来获得顾客偏好竞争优势。一般来说，市场定位有三大步骤。

1. 识别潜在竞争优势

这是活动项目组织者自查自省的过程。首先，分析竞争对手的产品定位如何、目标消费群体的需求及市场反应如何、项目组织者该做些什么等。然后通过一切调研手段、系统设计、搜索、分析，得出相关结果，并回答以上问题。项目组织者通过弄清楚这些问题，可以从中把握、确定自己的潜在竞争优势在哪里。

2. 核心竞争优势定位

竞争优势表明休闲体育项目组织者和提供的产品具有胜过竞争对手的能力，这种能力既可以是现有的，也可以是潜在的。选择与确定自身的核心竞争优势，需要与竞争对手的各方面实力进行比较。通常的方法是分析、比较自己与竞争对手在休闲体育项目的设计、资源开发、活动组织、产品与服务供给、市场营销、质量管理、现场控制、财务管理、危机管理等方面的差异，找出自己的强项与弱项，借此挑选出最适合自己的优势项目，以初步确定在目标市场上所处的位置。

3. 制定营销战略

战略制定的主要任务是指项目组织者要通过一系列的宣传促销活动，将休闲体育项目的竞争优势准确传播给潜在消费者，并在其心中留下深刻印象。首先，应使目标消费群了解、认同、喜欢该休闲体育项目的市场定位，在消费者心目中建立与该定位一致的形象。其次，项目组织者通过各种努力强化形象，以稳定目标消费群的态度，加深目标消费群的感情，巩固与市场相一致的形象。最后，项目组织者还需要注意，当目标消费群对其市场定位理解出现偏差或感到模糊、混乱时，应马上纠正。

（三）提供合适产品

休闲体育活动的产品就是活动项目本身，常常会以竞赛或旅游的形式出现。在开展营销工作时，活动组织者需要思考能为消费者提供什么产品，该产品的特性、功能、品牌和包装是什么，在该产品上能附带什么内容。按照现代营销理论的整体产品观念，休闲体育活动产品包括核心产品、形式产品和延伸产品。核心产品是消费者购买的基本对象，是消费者追求的基本效用和利益。比如，举办一场休闲体育比赛活动，能观看到精彩的比赛内容就是消费者的最基本利益诉求。形式产品也称作配置性产品，它是休闲体育活动的外在表现形式，如休闲体育活动举行的时间、地点、环境氛围。延伸产品也称作支持性产品，是消费者获得的全部附加服务和利益，如为参加休闲体育活动的观众提供免费班车服务。延伸产品起到与竞争产品相区别的作用。核心产品实现消费者的基本利益，形式产品满足消费者的需求，延伸产品提高消费者购买的机会。

（四）制定合理价格

我国有许多休闲体育活动属于非营利性的，是政府为了促进群众体育事业发展而组织开展的。随着体育事业的发展，休闲体育活动带来的经济收益不容小觑，越来越多的休闲体育活动被纳入市场化运作。价格策略是关乎经济收益的重要环节，直接影响销售情况。价格在此指各类消费群体为参加休闲体育活动所需要支付的费用，包括观看门票、参赛报名、电视转播、纪念品销售、广告赞助、博览招展等。在开展营销工作时，活动组织者需要考虑消费者打算付多少钱购买该产品，根据产品的定位、质量、品牌以及消费者的反应和竞争对手的实力，综合评判采取什么价格策略最合适。影响价格的因素有许多，包括产品成本、产品自身特点、营销目标、市场需求与变化、市场竞争格局、政策法规、组织者实力、货币环境等。休闲体育项目组织者在实施定价决策之前应该做好充分的调研与分析。休闲体育活动产品定价最关键的因素还在于把握市场需求：一是城市的选择，对备选城市的经济发展水平、旅游环境等进行考量；二是消费者的定位，对消费者的兴趣爱好、消费承受力等进行调研。

（五）构建灵活渠道

包括休闲体育项目在内，我国整个体育类项目的运作模式正在经历转型，从政府包办到政府主导、市场运作，再到政府支持、市场运作。项目负责方一般都是由主办方、承办方、协办方等多方组成。项目的市场运作通常有三种形式：一是委托专门的体育经纪公司或推广公司进行项目的策划与营销；二是由举办地政府、组委会等出资组建专门的法人机构，以公司制的形式对活动项目进行运作，常常是"一套人马，两块牌子"；三是在政府体育部门下属的产业公司的基础上组建营销机构。主办方和承办方都不直接面对消费者，而是注重选择或者建立可靠的运作企业，主办方、承办方与消费者之间的联系主要通过这些中间人。在开展营销工作时，活动组织者需要思考，当消费者需要产品时，在哪里、以什么方式能够买到；销售力度多大、覆盖范围多大；线上销售还是线下销售更好，等等。大部分休闲体育活动优先选择在城市或知名景区举办，城市的人口密度大、基础设施较好、经济发展水平相对较高、消费者出行方便，而景区自然环境优美、基础设施较完备、能够聚集人气、容易形成品牌效应。

（六）制定促销策略

促销是指通过销售行为的改变来刺激消费者，以短期的行为（如让利、营销现场气氛）吸引其他品牌的消费者或致使其提前消费，来促进销售额的增长。休闲体育活动具有综合性等特征，活动过程情况多变，评价主观性较强，所以促销难度较大。活动组织者需要思考消费者怎样了解产品，怎么说服消费者来购买产品，用什么形式的宣传手段，费用是多少。其常用的促销手段有四种：广告、营业推广、公共关系、人员促销。根据休闲体育项目的特点，应以广告宣传、营业推广、公共关系为主。广告宣传即由媒体发布活动项目的相关信息，唤起消费者注意，扩大潜在顾客市场；通过网络、电视、报纸、广播等方式进行宣传。营业推广是为了刺激消费者参加休闲体育活动而采取的短期促销活动，包括打折、会员制、兑奖、赠券等形式。公共关系是指为了与公众沟通、树立良好形象、创造良好外部环境而开展的一系列专题性或日常性活动，如新闻发布会、专题知识讲座、支持公益事业，主要在于以浓厚的感情色彩打动消费者。

（七）维护新老客户

在开展营销工作时，直接卷入消费过程中的顾客往往比较受重视，他们带来的经济效益是显而易见的。很多产品与服务是为他们量身打造的，他们的认知与评价直接决定着休闲体育项目的最终效果。赞助商也是不容忽视的群体，他们为休闲体育项目提供资金保障。很多企业乐于赞助像全运会这样的大型竞技赛事，但对群众性的休闲体育项目兴趣不大。企业对休闲体育项目进行赞助，大多含有政府行为，因此，许多企业在赞助中的定位并不清晰，导致事后没有获得明确的效益。这会使企业以后更没有积极性赞助休闲体育项目。而且，很多休闲体育项目的举行不具有连贯性，许多赞助都是一次性行为，企业无法进行配套的营销活动，"昙花一现"的赞助也使得企业难以获得良好收益。成功的休闲体育项目营销应该是多赢的。活动组织方除了向参与者营销自己的产品外，还要向赞助商营销休闲体育理念与价值，为他们提供连贯性的营销平台，帮助赞助商提高知名度，在公众中树立起良好的形象。

（八）严控销售过程

休闲体育项目的生产和消费具有同步性，过程控制十分重要。首先，全员参与营销，堵住工作漏洞。每一项休闲体育活动从筹备到结束，整个过程牵涉面广，营销工作十分复杂、艰巨，不是单靠某一营销团队就能够完成的。营销工作的成功，离不开全体工作人员的参与和各部门的协作，每个工作人员做的每一件事都是项目顺利进行必不可少的。让每个工作人员都积极主动地参与到营销工作中来，才能真正体现人多力量大。其次，使消费者成为营销过程的参与者。组织者要控制休闲体育活动的全过程，就要及时掌握消费者在此过程中的感受。通过满意度调查等方式及时了解反馈信息，与消费者进行网络沟通或面对面沟通，以及时了解其动态，发现关键问题，从而迅速做出反应，来满足消费者的需要。要推行标准化与制度化营销管理。对于好的营销方式应当形成制度，使后续工作有章可循，遇到相同问题时可迎刃而解，以确保整个休闲体育项目顺利进行。

（九）优化销售环境

服务是无形的，需要通过有形的物质来展示给消费者，如何将无法触及的东西变成有形的、易感知的元素是营销工作的重要内容。要使休闲体育项目中提供的服务有形化，需要借助服务过程中的各种有形要素，使无形的服务和组织方的形象具体化、便于感知。比如，通过文字、音像、实景等可视可听的方式来树立、宣传主办方的形象；通过活动现场的装潢、布局、色彩等形式来加深消费者对服务环境的体验；通过服务设施或硬件（座位、灯光、音响、器材等）来实现服务的自动化与标准化；通过对服务人员服装仪容、服务态度、言行方式、服务技巧等方面进行专门培训，来细化消费者对服务人员的具体感受。总之，通过有形的物质形式来承载、表达服务，可以使服务营销形象、生动、亲切、可控。

四、休闲体育项目的风险管理

看台垮塌、拥挤踩踏、球迷骚乱……各种与体育活动有关的安全事故常常见诸报端。举办休闲体育项目存在客观风险，风险管理就是对活动过程中出现的不确定因素进行有效的管理与控制，以降低安全事故的发生，化解危机，从而保障休闲体育项目顺利开展。风险管理首先需要识别风险，了解风险的特点、类型，找出引起风险的因素，以便采取有效措施。

（一）风险管理的意义

通俗地讲，风险就是发生不幸事件的概率。风险可以定义为特定条件下各种可能后果与预期后果之间的差异，尤其是某种损失发生的可能性。风险不同于危机，风险是指可能出现的威胁和危险，而危机则是指即将形成或已经显现的破坏或损害。优秀的管理者往往能预感到风险的存在。风险管理是社会组织或者个人用以降低风险的消极结果的决策过程。通过风险识别、风险估测、风险评价，并在此基础上选择与优化组合各种风险管理技术，对风险实施有效控制，妥善处理风险所致损失的后果，从而以最小的成本换取最大的安全保障。

休闲体育项目由于涉及面广、影响因素多，在组织和筹办过程中会面临许多不确定性因素或事件，如暴力冲突、食品卫生安全、流行病传播、财物盗窃，这些不确定性因素或事件就是休闲体育项目的风险，它们可能导致活动不能顺利举办或无法达到预期目的。如果人们缺乏对风险的认识与防范，缺少应对风险的机制与措施，就会使矛盾激化，演化成为恶性突发事件，带来不可估量的损失。休闲体育活动风险管理的目的就是未雨绸缪，对活动过程中的风险进行主动识别、分析、评价，按照活动开展的不同阶段，分重点地采取防范措施，由此来有效地规避风险、处理风险。

（二）风险的类型

1. 社会类风险

社会类风险主要包括政治风险和公共卫生风险。政治风险包括国际冲突、种族冲突、宗教冲突、恐怖活动等。公共卫生风险主要是指一些突发性公共卫生事件，如会对公众健康造成重大损失的传染病疫情，不明原因的群体性疫病以及重大食物中毒事件。

2. 经济类风险

经济风险主要包括财务风险和经营风险两类。财务风险是指项目组织者因各种原因造成资金入不敷出。比如，体育场地、场馆建设、设备购置等费用巨大而造成资金短缺；再如，达成协议的客户、供货商、赞助商因破产、不履约等原因使协议被迫取消。经营风险是指项目组织者在经营管理过程中出现失误，而致使活动项目中断，甚至造成部分或全部活动取消，导致投资预期收益下降的风险，或出现巨大损失的风险。除此之外，经济风险还包括外部经济形势恶化、经济危机、汇率变动、货币贬值等带来的风险。

3. 灾害类风险

灾害类风险包括自然灾害和人为灾害。自然灾害包括高温、雷电、冰雹、地震、洪水、火山爆发、飓风等。人为灾害包括恐怖袭击事件、犯罪分子破坏、盗窃、人群骚乱、踩踏等。这些灾害常造成休闲体育项目被迫取消、中断，活动项目时间和地点变更，或是人员伤亡等。特别是自然灾害带来的破坏力非同一般。

4. 人员类风险

人员风险是指休闲体育项目开展过程中发生人身意外伤害、人员缺席等风险。人身意外伤害包括活动参与者发生扭伤、器械伤害、撞伤；观众因天气原因导致中暑、虚脱、晕厥或身体突发疾病；运动员、观众、裁判员发生语言和肢体冲突；看台坍塌、骚乱、拥挤踩踏等造成伤亡。人员缺席是指休闲体育活动参与者、裁判员、工作人员、政府官员、重要嘉宾等因各种原因不能按时抵达赛场，从而造成休闲体育活动无法按时举行。

5. 组织类风险

组织风险是指在对活动时间与场地的安排、参与人员的安置、设施设备的调试、现场秩序的调度等过程中，由于休闲体育项目的组织者操作不当而带来的风险。在活动成绩发布、广播电视转播、升旗演奏国歌时，也可能因人为原因而引发风险。另外，还可能由于天气不好、交通阻塞、卫生安全等客观意外情况的发生，造成活动时间被拖延、改动，场地被更换等情况。

6. 设施类风险

场地或场馆的建设和维修，是每个准备举办休闲体育活动的城市都要面临的重要问题。场地或场馆如不能按照计划顺利建成，或者在建成过程中偷工减料，不能按照活动要求建设维护，或者设计不科学、功能不健全等，就会为休闲体育活动的举行带来风险。设施设备类风险是指供电设备、供水设备、消防报警设备、空调设备、照明设备、通信设备、信息显示设备、计算机网络设备、安全检测设备、监视设备、成绩测量设备、兴奋剂检测设备等出现故障或操作不当而影响休闲体育活动进程所引发的风险。

7. 项目类风险

有些休闲体育项目在开展过程中难度高、强度大、对抗性强，使得项目具有一定危险性，尤其是在大型竞赛类的休闲体育项目中，由于运动员的压力大、情绪紧张，发生危险的概率就比较高。近年来，极限运动、峡谷漂流、潜水探险、野外生存等拥有险奇特色的休闲体育项目逐渐成为流行时尚，这些活动具有超越常规的冒险性，具有较大风险。

（三）风险管理的策略

1. 树立正确的风险意识

首先，要正确认识风险的本质。休闲体育活动过程所蕴含的风险总是在不断变化，但风险与发展机遇是相生相伴的。其次，要以积极的态度对待风险，风险不仅可以规避，还可以利用。第三，要树立正确的风险管理理念，塑造良好的风险管理文化，将风险管理意识转化为全体工作人员的共同认知和自觉行为。增强风险管理意识有两条重要途径：一是通过培训、教育来实现，二是通过情景模拟来实现。风险管理意识培训可以采用短期讲座、长期授课、小组研讨等途径、形式，向全体工作人员灌输风险管理理念和知识、管控流程、处理技巧、机制等，使之在日常工作中就抱着应对风险的心态，预先思考可能会遇到的各种紧急情况或困难形势，在物质上和心理上做好相应准备，以防危险来临时束手无策。情景再现模拟，是对风险进行科学预警分析的重要手段。比如，消防演练、医疗急救演练、恐怖袭击演练可以帮助人们通过现场实践活动来识别风险、扫描内外风险环境、分析风险驱动因素，再通过事后的录像回顾、小组讨论总结等形式进一步巩固风险管理意识，帮助工作人员提前制定有效的风险规避或控制措施。

2. 建立风险管理与应急小组

组织休闲体育活动应组建专门的职能部门或小组来进行风险管理与危机处理，这个小组需要有足够的权力来调动人、财、物等资源，对于日常风险进行预警与控制，对突发紧急情况在最短时间内做出反应。风险管理与应急小组需要开展的工作包括如下内容。

量化各种风险的不确定性及可能造成的损失。由于资源有限，风险控制无法做到面面俱到，所以，最好事先将各种风险情况罗列出来，分别进行危害等级评定，根据其轻重缓急程度来确定处理先后顺序、重视程度、人财物资源投入情况。同时，制定切实可行的应急方案，编制多个备选的方案，一旦风险转换成危机，按照预先方案实施，将损失降到最低限度。比如，制定人群疏散救援预案、人群分流引导预案、灾害救助应急预案。降低危机发生概率，可以通过签订合同或购买保险等形式将风险在一定程度上转移给第三方。

建立与政府部门（公安、消防、卫生等公共安全部门，或休闲体育项目的上级主管机关）的密切联系。事先配合相关部门进行全面检查，消除安全隐患。如果出现安全问题，争取在第一时间取得相关部门的帮助。保持与新闻媒体的良好沟通，媒体既可以帮助活动项目组织者更好地处理危机，也可能给活动项目危机处理带来许多负面影响。制订媒体管理计划，适当控制媒体在危机发生后的介入范围，为危机处理赢得时间。向媒体提供真实信息，防止因谣言而引发公众恐慌，使自己陷入被动局面。制作安全手册与警示标识，与休闲体育活动参与者进行有效交流，保证危机发生时参与者能够迅速撤离，及时展开自救。

3.绘制风险因果路线图

休闲体育项目潜藏着许多安全隐患，这些隐患可能不会直接导致危机，但会诱发其他风险，甚至是"压死骆驼的最后一根稻草"，要准确找出这些潜在危险并"对症下药"。首先，需要把安全隐患与其相联系的前因后果记录下来，进行分析排列，看清楚导致最终危机的过程和一系列因果次序。绘制因果路线图可以帮助我们预演危机演变模式，从而对各个关键环节进行有效干预。

第四章

休闲体育项目策划
与管理中的团队建设

进入21世纪，团队管理模式和团队精神更是风靡全球，席卷整个世界。越来越多的组织引入团队管理模式，建立起各种类型的团队，把更多的工作交给团队来完成。微软创始人比尔·盖茨说："在这个竞争的时代，做任何事情，如果只有单枪匹马，没有集体或团队的力量，获得真正的成功是不可能的。相反，如果我们指导每个人用能力和知识一起面对任何一份工作，我们都会获胜。"休闲体育活动是一项将团体和个人紧密结合在一起的项目，涉及面广，影响因素多，因此，休闲体育项目的策划与管理必须依靠团队协作。

第一节
休闲体育项目团队概述

一、团队概念与特征

（一）团队概念

罗宾斯（1994）认为，"团队是指为实现特定目标，由至少两个相互作用及相互依赖的个体，按照一定规则而结合在一起的组织。"Katzenbach和Smith（2003）指出，"团队是由技能知识互补、遵循共同的目标、能够相互为对方负责的雇员所组成的为数不多的群体。一般而言，团队是一个共同体，在这个共同体中，每一个成员的知识和技能都能被充分利用。为达成共同的目标，成员间需协同工作，共同解决问题。团队是指具有互补技能和能力的个体成员通过采取一致的工作方法，实现共同目标的组织，并且，团队里的每个成员对组织共同负责。"本书认为，团队是多个个体成员为达成一个共同的、具体的项目目标而组建起来一起协同工作的队伍。他们拥有共同的愿景和目标、互补的知识和技能、协同的工作方法，并以此来约束自我。

（二）管理团队的特征

一般认为，项目管理团队具有以下特征。

1. 共同认可的明确的目标

团队目标要清晰、明确，获得成员的一致认可，让成员理解其存在的价值和现实的意义，能够激励团队成员将个人目标与集体目标相融合，并清楚地知道自己需要努力和达成的目标，以及应该完成的工作或任务等。

2. 成员合理的分工与协作

团队内部有一群多技能员工，他们各司其职、合理分工、相互协作、技能互补、齐心协力、共同努力，保障团队目标的实现。

3. 成员能积极参与团队事务

有了清晰的目标之后，团队成员会积极主动，表现出忠诚与一致的行为。一个成功的团队，其团队成员具有较强的认同感和归属感，他们认为自己是休闲体育项目管理中的一分子，不断学习，挖掘自身潜力，愿意为休闲体育项目和团队付出自己努力，从而实现团队目标。

4. 良好的信息沟通与互相信任

良好的信息沟通是团队不可缺少的，沟通渠道的畅通可以增进团队成员间的信息交流，有利于团队成员相互学习、彼此了解、增进友谊、创新思维等。团队成员间的相互信任亦是团队的另一个显著特征，体现在日常工作、人际关系或交往之中。信任是力量的源泉，需要组织或团队成员花费大量的时间和精力去培育、维护，创造出团队相互信任的组织文化与氛围。

5. 高度的民主气氛和凝聚力

优秀的团队领导能够为团队和成员指明前进的道路，带领团队成员共同努力。优秀的团队具有高度的民主气氛和凝聚力。团队成员间虽然有上下级工作关系、有职位的高低，但人格是平等的，团队氛围是平等、自由的。大家彼此充分尊重个人意愿，发挥团队成员的个人能力；团队成员互相鼓舞，充满自信，相互帮助充分挖掘自身潜力；团队领导承担着教练的角色，通过自身的言行影响着团队成员，带领团队成员共同培育民主气氛和团队凝聚力，努力实现团队的既定目标。

6. 团队在学习中不断创新

学习是一种日常化的活动，包括各种类别的培训和学习，团队成员的相互学习及工作实践中的学习等。通过学习，可以源源不断地补充或提升团队成员的知识、技能等，让团队成员从容应对纷杂、频繁的变化和问题等，促进团队发挥高效作用。

二、团队构成要素

1.团队目标

目标是团队组建成功的基础，如果没有明确的目标，团队就没有存在的意义，就失去前进的方向。休闲体育项目的组织目标与休闲体育项目团队的目标必须一致。在实际运作过程中，休闲体育项目团队必须将组织的最终目标层层分解，而且必须分解到员工个人，通过员工与集体的齐心协力、共同努力来实现团队的共同目标。要通过多种方式宣传休闲体育项目的团队目标，激励团队内所有成员，让大家为了这个共同的目标去努力奋斗。

2.员工

员工是休闲体育项目团队最核心的要素，是团队的基石。休闲体育项目团队的强弱直接取决于团队成员的素质。休闲体育项目的组织目标是由员工来实现的，日常管理中的循环，即组织、计划、实施、检查和控制等，亦是由员工来完成、实现的组织的分工。休闲体育项目团队需要科学、合理地配置人员，考虑人员的年龄、特征、性格、爱好、知识、经验、专业和技能等，以便取长补短、优势互补。这样才能发挥团队的整体优势，以实现休闲体育项目团队目标。

3.定位

管理团队的定位一是指休闲体育项目团队在组织中的责任和地位；二是指员工的个体定位，即员工在休闲体育项目团队中担当的角色，如休闲体育项目设计的制订者，项目策划的具体实施者，检查、评估的工作人员。

4.权限

休闲体育项目团队所拥有的权限即团队在整个活动管理中的决定权，如财务权、人事权、业务，以及其他授权。一般而言，权限越大，越有利于团队顺利管理。

5.计划

休闲体育项目团队工作需要制订具体的行动计划或方案等，按计划开展工作、掌控工作进程。通过过程指导和监控等，引导团队循序渐进、不断积累，并最终完成工作任务。

6. 团队决策权

与传统组织方式相比，在休闲体育项目举行过程中，把一些决策权下放给团队，可提高活动组织的决策效率。

三、常见的团队类型

依据团队在实践应用过程的主要目的，团队的类型主要有以下几种。

1. 项目团队

项目团队因项目而组建，具有明确的目标和实施期限，随项目的终结而解散。其成员来自组织的各个部门，在知识背景和技能方面具有很强的互补性。这类团队通常基于完成某项专门任务而组建，具有明确的目标、任务以及完成任务的时限。团队成员来自各个不同的职能部门，每一个成员具有独特的技能和知识背景，彼此之间可互补知识与技能。大多数休闲体育项目团队属于这种类型。

2. 工作团队

此类团队将会长期存在，主要负责组织专业化项目或完成例行工作。团队成员一般是全职参与，从而保证工作的正常运转。这类团队一般比较稳定，很少变动，团队成员具有相似的知识背景，并掌握多项技能。

3. 功能团队

该类型团队是因特殊情况或突发事件而临时组建的，成员是一些具有很强专业素养的人，可能来自组织内部，也可能来自组织外部。此类团队成员能够快速应急处理或根据实际情况创造性地解决问题，如事故应急处理团队、谈判团队、策划团队。

4. 虚拟团队

该类型团队借助互联网和先进的信息技术而组建，不受时空限制，是分散于不同组织边界的虚拟化团队，成员往往处于一种虚拟状态，借助于电话、网络、传真或可视图文等开展团队协作。

第二节
休闲体育项目团队建设

在休闲体育的集体项目中，团队的重要性不言而喻。休闲体育项目管理的成败好坏、能否顺利进行，取决于是否建立了高效的休闲体育项目团队。有意识地引导团队开发相互信任、支持、目标一致和技能互补的有效工作团体，即是团队建设。

一、休闲体育项目管理团队的作用

（一）产生大于个人绩效之和的群体效应

团体与个人的关系如同整体与部分的关系，团队模式使组织结构大大简化。领导和团队、团队和团队以及团队内部成员之间的关系变成伙伴式相互信任和合作的关系。建立在志同道合基础上的团队可以起到功能互补的作用，因而决策合理、科学，士气高涨，从而产生比个体简单相加高得多的劳动生产率。

（二）提高项目组织的灵活性

项目团队的共同价值取向和良好的文化氛围使团队能更好地适应日益激烈的竞争环境，增强市场的应变能力，提高项目团队的灵活性和项目的竞争力。

（三）有着极强的凝聚力

随着物质生活水平的不断提高和思想的不断解放，人们不仅仅把工作当作一种谋生的手段，更希望在工作中找到人生的乐趣，实现自我价值、自我发展。团队强调沟通与协调，成员之间相互信任可以提高员工的归属感和自豪感，大大激发员工的积极性，增强团队内部的凝聚力。

（四）能极大地发挥出个体的优势

团队注重对成员的培养，鼓励成员一专多能，并对成员进行扩大化训练，使得团队成员迅速进步，从而使团队工作效率成倍增长。同时，团队在文化氛围上既强调团队精神，也鼓励个人的完善与发展，激发个人的积极性、主动性和创造性，极大地发挥出个体的优势。

成功的企业都有许多优秀的团队，团队中的每个成员都清楚地知道团队的目标和使命，都能自觉地承担起自己的责任，而且在工作过程中表现出协作、配合、包容等优秀的品质，共同享受团队带来的快乐与资源。团队对休闲体育项目开展具有十分重要的作用，打造高效团队成了很多休闲体育项目管理追求的目标之一。

二、休闲体育项目管理团队的定位

（一）角色定位

要想团队形成一个整体、产生合力，团队成员在角色上就要形成互补。团队角色指团队成员为了推动整个团队完成项目任务所表现出来的特有的行为方式。团队角色强调团队成员个体的差异性和互补性。分析团队角色有助于提高团队运行效率。在面对不断出现的新情况、新问题时，团队成员以合作精神来处理这些矛盾或问题，逐步形成团队角色。高效团队中，一名成员可以担当几个角色，几名成员也可以同时担当同一个角色。

团队角色理论的创始人贝尔宾通过一系列模拟练习发现了一些团队角色。他认为，成功团队的成员角色都能达到某种程度的平衡。贝尔宾发现的团队角色包括智多星、外交家、协调员、推进者、监督员、凝聚者、实干家、完成者、专家。贝尔宾的角色分类迄今依然是协助团队探究自我构成与工作效率的指南。他认为，对团队有用的人是那些能够满足特定需要而又不与其他人角色重复的人。团队的构成实质上是成员组合后达到平衡。

（二）精神定位

团队精神能够不断地激励团队成员发挥技能、释放潜能。团队成员相互尊重，相互支持与信任，坦诚交流，良性竞争，寻找最佳协作方式，同时为实现共同目标而为之奉献。团队精神亦是组织的共同价值观和道德理念，是团队意识、协作精神的集中体现，是组织的灵魂。团队精神含义广泛，包括团队的向心力、凝聚力、学习能力、创新精神及开拓精神等。协作是团队精神的核心，尊重个人志向是团队精神的基础。全体团队成员的士气、向心力和凝聚力是团队精神的最高境界，反映团队或组织的高效运转、个体与整体、目标与利益的统一。

组织的团队精神表现为员工的自豪感和集体荣誉感，员工的良好表现和优质工作，成员间相互信任与合作，共同目标、群策群力、共享成果，和谐、坦诚且互补的成员关系，尊重成员人格，帮助成员成长等。

三、休闲体育项目管理团队建设的基本方法

现在，休闲体育活动备受喜爱，休闲体育项目繁多，要根据项目的类型、内容和规模组建与之相适应的休闲体育项目团队。一个高效的休闲体育项目管理团队是确保高质量进行休闲体育活动的重要保证，是实现休闲体育项目管理目标的重要前提。

（一）选拔或培养适合角色的人才

合适的项目经理是高效休闲体育项目管理团队的重要成员。项目经理是项目的负责人，负责整个项目的组织、计划及实施的全过程，在项目管理过程中起着关键作用。项目经理必须以身作则，严格要求自己，起到榜样、示范作用；负责团队各成员的角色和责任分工，从而充分发挥团队成员各自的作用。项目经理必须运用各种激励方式对团队成员进行适时激励，鼓励和激发团队成员的积极性、主动性，充分发挥团队成员的创造力。

（二）灵活的授权与分工

授权，一方面显示了项目经理对团队成员的信任，有利于充分发挥休

闲体育项目团队成员的积极性与创造性，使得团队成员在自己的授权范围内根据内外部环境的变化及时决策；另一方面，通过灵活的授权，项目经理逐渐将工作重点转向关键点控制、目标控制和过程监控，工作重心由内转向外，侧重于处理休闲体育项目与政府、相关企业、社会之间的关系，保障团队顺利运作。

（三）营造良好的沟通氛围和交流环境

团队成员之间由于价值观、性格等方面存在差异，会产生各种冲突，甚至有可能出现敌视情绪、向领导者挑战等情况。因此，项目经理要充分沟通，引导团队成员调整心态和准确定位角色，把个人目标与项目目标结合起来。团队成员与周围环境相适应需要一定的时间。项目经理要帮助团队成员熟悉工作环境及工作内容，学习并掌握相关的技术。

（四）充分发挥团队的凝聚力

团队凝聚力是无形的精神力量，是将团队成员紧密地联系在一起的看不见的纽带。一般情况下，高团队凝聚力会带来团队的高绩效。团队凝聚力在外部表现为成员的团队荣誉感，而团队荣誉感主要来源于项目目标。因此，应使团队成员对项目目标形成统一的认识，激发成员的团队荣誉感。同时，应引导团队成员将个人目标与项目目标相统一，增强团队成员对项目团队的向心力，使项目团队高效率运行。团队凝聚力在内部表现为团队成员间的融合度和团队士气，良好的人际关系是休闲体育项目高效团队的"润滑剂"。因此，必须采取有效措施，增强团队成员之间的融合度，让成员在短期内树立团队意识，形成团队认同感和归属感，形成高昂的团队士气，提高团队的工作绩效。

四、休闲体育项目管理团队建设的主要策略

（一）多渠道招募团队成员

在项目启动阶段，当项目组确定了组织需要的人员数量和具体的任职条件以后，就要开始进行招募活动。这一环节是非常重要的，它不仅关系

到项目工作能否顺利开展，而且决定着项目能否取得或功，需要严格按照原定计划以及招聘制度进行人员的招募、选拔以及录用。在招聘人员时主要有两种方式：一是内部招聘，二是外部招聘。内部招聘是项目组织最常用的，因为内部员工无论在具体业务上还是团队中都更趋同项目本身的特点，所以在招聘时尽量以内部为主。

但是，在内部员工的具体选择上要花点力气。要及时与上级部门、拟招聘人员进行沟通，争取把最适合本项目的员工招聘到。在实际项目当中，很多急需人员无法通过内部招聘获得，那么就要通过外部渠道来招聘。外部招聘的方式比较多，可通过招聘网站发布相关信息，在当地人才市场进行招聘，甚至还可以通过猎头公司来招录。

当然，不同层次的人才所采用的招聘方式也会不同，如要招聘高级技术人员或管理人员，通过猎头公司便能得到很好的解决；而招聘一般普工，可以选择当地人才市场或者在当地招聘报刊上发布相关信息。但是，无论招聘何种人才以及选择何种招聘方式，目的都是为了招募到适合本项目的人才，因此要注重岗位匹配度。

（二）合理配置团队成员

通过各种渠道招募到合适的员工之后，就要对其进行合理的安排。在安排之前，要先制订一个清晰合理的配置计划，有了计划才能保证配置的顺利实施，继而保证项目的顺利开展。人力资源配置计划的主要内容包括以下几方面：首先是人员配备管理计划，其次是角色和职责分配，最后是做好人才预测。做好计划之后还得有一个计划实施的组织，任何一个休闲体育项目团队都必须建立适合其自身特点的组织结构，并明确各部门、各小组的职责。同样，每个部门划分职责之后，还应该明确每位成员的责任与义务。接下来要使招募到的成员快速融入休闲体育项目团队，进入角色，并充分发挥各自的才能和积极性。关键在于要根据成员本身的特点以及各自的兴趣、能力等因素进行合理的安排，始终坚持"人尽其才，物尽其用"的原则。在项目新成员工作一段时间之后，要对其岗位适应度进行考察，对于人岗匹配度不高的员工应当及时进行调整，将其安排到更合适的岗位；也要安排更为适合本岗位的人员就职，确保工作的顺利开展，同时提高每位员工的工作效率。总而言之，项目人员配置要贯穿整个项目的始终，实施动态优化与配置，而且一定要明确各岗位的职责、权限，确保各成员理解工作内容，避免在实施过程中出现人员理解偏差的情况。

（三）建立完善的团队沟通机制

对任何一个项目来说，要想使项目实施顺畅，就必须进行必要的沟通，有效的沟通能够减少或者化解项目矛盾冲突。因此，项目负责人要经常参与休闲体育项目团队成员之间的沟通，这种沟通不仅局限于工作上的沟通，还包括生活上必要的联系，这样才能建立一支具有高度凝聚力的工作团队。要想顺利进行内部沟通，则需要建立良好的内部协调沟通的环境以及机制。要鼓励团队成员发表自己的看法，只有这样，组织才能了解员工的诉求，继而才能有针对性地满足员工的需求。当然，在休闲体育项目团队中，除了领导与成员的沟通以外，还需要项目成员与成员之间进行良好有效的沟通，因为这是工作顺利开展的前提与基础。项目成员无论在工作中还是生活中都应有良好的沟通，发生矛盾时，沟通可以化解彼此的误会，开展工作时，沟通可以使工作顺利、快速完成。最后，要在项目内部建立顺畅的沟通机制，让想表达的人有渠道表达，敢于去表达。

（四）建立完善的团队激励机制

项目人员激励方式的选择必须结合具体项目的实际情况：将各种方式的激励相结合，如物质与精神激励相结合、正面与负面激励相结合，合理利用奖励和惩罚这一杠杆来规范员工的行为；通过满足员工较高层次的需要，激发员工的积极性，使激励的作用尽量保持长时间，从而达到理想的效果；根据内在激励的原理，通过双向沟通等方式为成员调整工作岗位，尽量使每位成员都能在自己喜欢并且擅长的岗位上工作，促使成员充分发挥其积极性与创造力，满足成员获得自我实现价值的需要；根据按需激励的原则，对不同的成员应当采用不同的激励方式、方法，找出每位成员的差异的、动态的需要，尽量满足他们最迫切的需要，尽可能提高激励的效用和激励强度；要激发出项目成员的主人翁意识和以项目为家的精神，以提高薪资待遇、增加休假时间等方式来激励团队成员提高工作积极性；绩效工资的发放要与成员的考核结果相结合，改变目前没有差别的状况，要体现差别；明确奖惩制度，提高透明度，充分体现公平的原则，增强团队组织的公信力，同时调动员工的积极性。

（五）建立科学的团队绩效考核体系

我们实施的任何一个项目都有特定的目标，要想达到项目预定的目标，就要对其进行分解，将任务落实到部门、个人。因此，项目实施过程中就要对团队成员进行必要的考核。项目负责人在制定团队成员的考核指标时，往往会受到外界的干扰，影响指标设定的公平性，这样就使考核的作用大大降低。因此，要按照一定的原则制定具体的考核指标。在确定了每位员工考核指标之后，就要选择适当的考核方法。目前，人力资源管理领域常用的方法比较多，项目组应当根据自身的特点，选择适合本项目的考核办法。下面介绍几种项目管理中常用的考核方法。

1. 平衡记分卡

该方法一般用来考核组织的总体绩效，是由美国教授卡普兰和诺顿等人提出的一种业绩评价工具。

2. 目标管理法

该方法常被用于进行个人绩效考核。组织的战略目标确定之后，就要进行有效的分解，并根据各部门、各个人的职责合理分配这些目标，最后管理者依据每个人、每个部门对分配目标的完成情况进行考核。

3. 关键业绩指标

该方法一般用来考核组织各业务流程的绩效或岗位绩效。项目组根据具体情况，选择符合本项目的考核方法，要明确规定考核的范围、考核的时间以及考核的方式，并且要让全体成员了解考核体系的精神与宗旨，让绩效考核真正体现其价值，而不是流于形式，并能够让成员感受到重视与公平。

（六）强化团队文化建设

团队是由员工及管理者组成的小群体，该群体中的成员技能互补、协作劳动，并为达成共同的目标而努力。因此，要建立高效协同工作的团队，首先要在团队成立之初建立团队的行动指南，即稳定而具体的团队目标，形成强大的团队凝聚力。项目成员所掌握的知识、技能以及个性各不相同，因此，对于不同项目成员所采用的激励方式不同，而且对于不同人员激励的程度也会不一样。那么，休闲体育项目团队文化应该如何建设呢？

1. 准确定位团队文化

优秀的团队文化会使员工产生共同的价值观和认同感，部门间、团队成员间没有隔阂，大家相互沟通与协调。休闲体育项目的内容限定了员工的工作内容和休闲体育项目运作程序。这就要求休闲体育项目团队成员严格按照运作程序工作。

2. 提炼团队的核心价值观

核心价值观是所有团队赖以生存和获得成功的关键。在提炼团队的核心价值观时，要以"我"为主，以自己的团队为中心，兼收并蓄，取人之长，为"我"所用。

3. 建立有效的沟通机制

有效的团队沟通机制可以让团队的价值观得到传播，团队成员求同存异、齐心协力，从而在团队中形成高度统一的认识。当然，这个过程需要通过具体的活动来实施，如团队晚会、会议，通过这些活动向员工传达团队的目标、追求、理念。这其中，很重要的一点就是管理人员要参与其中，并起到示范带头作用。

第五章

休闲体育项目策划与
管理中的沟通与协调

沟通与人类发展并存。随着人类文明的不断发展，沟通从简单走向了复杂，并逐渐发展成为具有管理性质的综合统一体系。沟通为人与人之间的交流提供了极为重要的链接。在休闲体育活动中，沟通作为重要的项目管理因素，对休闲体育活动的质量有着显著的影响。如果休闲体育活动中沟通出现失灵、混乱，就会导致项目的延误甚至失败。科学、健全的沟通管理模式能有效预防休闲体育活动中可能出现的问题，并通过订立沟通与协调计划，针对不同阶段所出现的问题进行分析，从而较好地消除矛盾。

第一节
休闲体育项目沟通概述

一、沟通在休闲体育项目中的作用

项目沟通管理就是在合适的时间，由合适的人把合适的信息通过合适的方式传递给合适的人。项目沟通管理主要包括规划沟通管理、管理沟通、控制沟通三个过程。规划沟通管理即根据关系人的信息需要及组织的可用资产情况，制定合适的项目沟通方法和计划的过程，目的在于识别和记录最有效率且最有效果的沟通方式。管理沟通是根据沟通管理计划，生成、收集、分发、储存、检索及最终处置项目信息的过程，主要作用是促进项目关系人实现良好的沟通。控制沟通是在整个项目生命周期中对沟通进行监督和控制的过程，以满足项目关系人对信息的需求，主要作用是确保所有沟通参与者之间信息流动达到最优化。

任何一项休闲体育项目都离不开有效的沟通管理。良好的沟通使休闲体育项目的团队内部与消费者之间形成正确的信息指向与交流联系，以保证活动的正常运转。项目沟通管理的有效与否，会直接影响到休闲体育活动的组织方式、内容呈现、特色文化、目标市场、人群参与度，对休闲体育活动的持续、深入发展有着不可忽视的重要作用。

2012年伦敦奥运会马拉松比赛路线的更改便是体育活动中沟通管理较好的例子。最早的马拉松路线计划将比赛的起点设在塔桥，终点为奥林匹克体育场，但是这一路线在奥组委看来不够理想。经过多次调整，新路线避开了伦敦东部地区，改为途经伦敦的多个标志性建筑。有评论认为，由于奥运会期间电视转播的高收视率，这一取舍将有利于伦敦旅游宣传。因为经济危机导致预算缩紧，伦敦奥组委此举是"勒紧裤腰带"办事，不过会导致伦敦东部地区的曝光率降低，影响该地区的形象建设和未来发展。作为对奥运会马拉松比赛变更路线的补偿，奥组委与伦敦东部地区达成协议，将为该地区提供更多门票和就业机会。同时，奥组委也表示，新马拉松路线的公布距离伦敦奥运会开幕还有很长的时间，运动员可以到新的马拉松路线上适应一下，期望新路线能够达到更好的效果，而不希望给运动员带来任何困扰。这样，伦敦奥组委通过与各方面进行良好沟通，利用媒介发声，既考虑了伦敦经济现状，给予了东区的利益补偿，而且也为运动员的赛前"踩点"做出了时间方面的保证，从而平息了一场马拉松比赛路线更改风波。

休闲体育项目沟通管理有着不同于一般项目沟通管理的特殊性，其最大的特点是鼓励团队成员勇于表达创新性想法，能够接受、理解各种创造性思维观念，在交流与沟通中，将休闲体育活动放置在体育、文化、时尚、社会的大舞台布局中，使多元化、多维度的设计融入休闲体育活动中。一个善于沟通管理的团队，首先需要团队成员间时常发生思想碰撞。对于休闲体育活动来说，相互碰撞可能产生新颖、怪异、能紧跟时代潮流的奇思异想。其次，一个有着良好沟通管理的休闲体育团队，能够使团队成员向消费者进行活动宗旨、目的、内容的介绍，将活动的创新性清楚无误地展现给消费者，提升消费者的参与兴趣。无疑，团队成员之间的细致沟通为项目团队和消费者之间的良好沟通奠定了基础，而团队带给消费者的良好沟通印象，也会使消费者之间对休闲体育活动进行较好的评价与宣传。

二、休闲体育项目沟通的基本原则

休闲体育项目具有参与人数多、人员复杂、活动项目灵活多变、活动内容多元化等特征。因此，为了确保有效管理休闲体育活动，休闲体育项目管理中必须贯彻基本的沟通原则，主要包含以下基本原则。

（一）精确性原则

就休闲体育活动来说，项目沟通管理中的精确性能使设计者所要表达的信息含义通过语言或其他表现方式准确地传达给接收者。精确性原则要求活动项目设计者语言、文字表达清晰，对运动项目熟悉，设计方案明朗；同时，也要求项目团队其他人员的理解传达能力、记忆能力、专业运动术语熟知程度达到既定标准。只有这样，设计者传递给其他工作人员的关于运动项目运作、情景搭配、颜色选取、活动规则、符号标记等方面的信息才是准确可靠的。活动项目的组织人员才能进一步将设计者所要表达的休闲体育项目的运行方式、文化含义等通过场地设施、语言行为等准确传达或展示给消费者。消费者可以利用视觉、听觉去感知与理解，精确掌握休闲体育活动的游戏规则，体验休闲体育活动带来的休闲、放松和快乐，进而深入地领悟到休闲体育活动中蕴含的休闲体育文化。

（二）完整性原则

在休闲体育项目沟通管理中，需要注意信息的完整性与沟通的全面性。设计者在策划出一个新的休闲体育项目时，需要向团队中的下属人员完整地传达全部信息。对于新颖的运动项目、游戏规则、情景模式等，设计者需要从历史定位、项目发展、文化分析等角度进行全面介绍；否则，团队成员将很难正确理解设计者的创新理念与设计方案，导致团队人员在实际的休闲体育活动过程中，无法向消费者提供完整而全面的活动项目理念，从而使休闲体育项目难以顺利进行。

（三）及时性原则

作为休闲体育活动项目沟通管理中的重要原则，及时性原则要求设计者与团队其他成员能够及时获得政策、计划、资源、消费者的反馈信息等，了解什么样的休闲体育活动是当下社会流行的，及时沟通与交流最新信息。这有利于团队成员掌握活动情况，把握消费者心理状态，从而提高休闲体育项目的管理水平。

（四）灵活性原则

在面对特殊情况时，休闲体育项目沟通管理要有灵活性，项目团队应有灵活的沟通应对能力，妥善处理应急情况，使活动顺利进行。

三、休闲体育项目沟通的主要方式

（一）按照沟通的手段分类

休闲体育项目沟通形式较多，如通过网络软件、电视媒体，主要的沟通方式可根据休闲体育活动特征分为言语沟通非言语沟通两大形式。近年来，随着互联网和移动电子设备的广泛使用，电子媒介也成为一种新的沟通渠道。

1. 言语沟通

作为休闲体育项目最常用的沟通方式，言语沟通既可以指个体间近距离的口头沟通，也可以指利用电话、视频等媒介工具进行远距离的口头沟通。"奔跑吧，兄弟"这一以体育运动为主的休闲类综艺节目，就曾多次通过手机视频及语音将活动任务传达给参与者们。不过，相较于通过媒介工具的远距离口头交流，个体面对面进行言语交流能表现出语调的变化。言语沟通能有效地为开展休闲体育活动服务。

在进行言语沟通时，设计者的话语应简明、清晰。团队成员通过言语指导消费者，消费者在参与休闲体育活动过程中利用言语表达对休闲体育活动的理解。这种经过"再次传递"的言语表达方式，无疑对言语表达能力和理解能力有了更高的要求。同时，言语沟通应着重向消费者说明一些体育活动中的专用词语，以免参与者无法领会。另外，团队成员应注意言语表达中不能出现性别歧视、民族歧视、宗教习俗禁忌等用语，不能做出攻击性或令人不悦的评论。

2. 非言语沟通

非言语沟通往往是休闲体育项目沟通管理中非常重要的方式，可分为身体语言沟通、艺术性沟通、书面沟通。身体语言可向对方提供信息、展示心理活动，包括面部表情、身体动作等。艺术性沟通是指运用舞蹈、演奏、绘画等向对方传递信息。而书面沟通包括报告、计划、方案、策划书、备忘录、便条等形式。

在休闲体育项目的设计中，某些环节可以设定为只能借助非言语沟通。如休闲体育活动中的"你做我猜"游戏，需要一方根据另一方的肢体动作或是表情来推断出正确的答案。在有的活动中，参与者可以借助身体语言进行暗示，竖起大拇指、点头、微笑、眼神示意等表示肯定，皱眉、坐立不安、摊手耸肩等表示否定。另外，参与者还可运用运动设施的摆放、标语进行暗示，也可用书面语言直接、简明地向对方传递信息。在非语言沟通中，沟通双方彼此间的默契或理解程度会直接影响沟通的准确性。

3. 电子媒介沟通

在互联网和移动电子设备普及的今天，电子媒介以其快速、便捷、不受时间和空间的限制等优势很快得到推广、广泛运用，成为新型的沟通方式。沟通中常见的电子媒介有电子邮件、即时信息、网络会议等。和传统的沟通方式相比，电子媒介沟通具有明显的优势。一是打破了时间和空间的限制，让不同工作时间或是工作地点的人们能够有效、便捷地沟通。二是沟通对象的范围扩大，电子邮件的群发功能能够显著提高沟通效果，在由特定人群组成的QQ群、微信群中，重要信息能够快速发布并及时收到回馈。三是沟通信息量大，不仅有文字，还有图片、表格、动画，通过音频、视频还可以进行声音与图像的沟通，使得沟通信息更为丰富，增强了用户的体验感。四是沟通速度快，随着移动通信设备和网络的普及，即时沟通已不再困难。当前，在休闲体育项目活动的组织、实施过程中，电子媒介得到了广泛使用，如在户外进行的休闲体育活动中运用电子媒介帮助参与者及时传递信息、确定方位。

（二）按照沟通的互动性划分

1. 单向沟通

单向沟通是指在沟通过程中，发送者和接收者的地位不变，一方只发送信息，另一方只接收信息，如演讲、报告、下指令。单向沟通中，信息呈单向流动，双方在语言或情感上都没有反馈。单向沟通的速度快，信息发送者的压力小，能够保持发出信息的权威性，适用于任务急、工作简单、无须反馈的情形。但是接收者没有参与感，容易产生抗拒心理，不利于双方的情感交流。并且，由于缺乏反馈，单向沟通的信息接收率较低，难以把握沟通的实际效果。

2. 双向沟通

双向沟通是指在沟通过程中，发送者和接收者之间的位置不断交换，且发送者是以协商和讨论的态度面对接收者，信息发出以后还需及时听取反馈意见，必要时双方可进行多次商谈，直到双方满意为止。双向沟通的特点是气氛活跃，有反馈，准确性高，接收者有参与感。但是，发送者随时可能受到接收者的反驳与挑剔，因此，发送者的心理压力较大。同时，信息传递较慢，易受干扰，且缺乏条理。在休闲体育活动中，双向沟通的效果明显优于单向沟通。

第二节
休闲体育项目沟通管理

沟通作为一种人性化技能渗透于人们的日常生活中，并不断地拓宽、延伸方式与技巧。对项目管理而言，沟通是其中最基本且最不可忽视的关键因素。项目管理通过沟通以保证项目负责人在合适的时间以低代价的方式使正确的信息被适当的人所获得，以便达到思想、情感的一致性。项目沟通管理是对项目信息及时、准确地提取、收集、传播、存储以及处置，使得项目内部的信息交流通畅。任何一个成功的活动项目，其管理人员的主要职责就是开展良好的沟通工作。

一、休闲体育项目沟通计划

在休闲体育活动中，项目沟通计划是整个项目中基础性工作，是对于项目过程中的沟通方式、沟通内容、沟通途径的计划与安排。沟通计划的好坏直接决定了项目沟通的有效与否，进一步影响着休闲体育活动的成效。一个科学合理的项目沟通计划包含信息收集、沟通需求与方法的确定以及项目沟通计划书的完成三个层面。

（一）活动项目沟通计划的信息收集工作

在编制项目沟通计划之前，首先应完成的是信息收集工作。信息收集主要分为市场信息收集、项目采购信息收集、时间和频率的信息收集、用户信息收集。市场信息收集包括了解休闲体育的市场状况，调查哪类休闲体育项目较受大众欢迎，哪类活动项目较为小众、时尚且不易被模仿，由此对休闲体育的市场情况进行下一步的沟通计划与管理。另外，还需要针对活动项目细化市场人群，了解青少年、年轻人、中年人及普通阶层、精英阶层等不同人群特征的需要，并以此制订出明确的市场人群沟通计划表。在项目采购信息收集方面，团队成员应在采购之前，熟悉将要购买的运动设备、服饰等产品的数量、品质、包装、供应商、售后服务等，避免遇到紧急情况而无应对措施。在休闲体育项目时间和频率的信息收集方面，需要确定以活动项目为中心的沟通时间与频率，确保团队成员间的信息交流，以便适时更新；同时，还要确定休闲体育活动举行的时间，制订出详细的计划安排表。在用户信息收集方面，要确保收集到每一位参与活动的用户信息，并将用户意见反馈至团队。在信息收集工作完成后，团队内部需要对接收的信息进行整合、筛选，将收集的信息进行归纳、分类、汇总与提取。只有经过整合和加工的信息，才能作为休闲体育项目沟通计划中的有效信息。

（二）活动项目沟通的需求与方式的确定

在收集信息，并对信息进行加工处理的基础上，项目管理团队需要根据实际情况进行沟通，确定项目团队在信息内容、活动方式、项目设计模式等方面的需求。休闲体育项目团队的基本沟通需求是有关组织结构、管理关系、人力资源等层面的沟通需求。在与管理层面进行沟通后，项目团队首先需要确定能够满足目标人群需求的休闲体育活动方式。随后，依据休闲体育活动方式的特点，就项目设计模式进行沟通，进一步对项目资金进行预算。

在对项目团队和目标人群的需求充分了解之后，便可制定包含具体沟通内容和要点的沟通提纲，确定沟通程序，约定合适的沟通时间、地点，准备沟通不顺畅时的预案等。

在休闲体育项目沟通中，面对不同的沟通需求要采取不同的沟通方式。沟通方式的选择会直接关系到休闲体育项目的开展顺利与否。因此，应按活动项目特点选择对应的沟通方式。

（三）拟定项目沟通计划书

在休闲体育项目沟通计划的信息准备工作、沟通需求与方式都明确后，便能制订项目沟通计划。一般而言，项目沟通计划制订的结果是项目沟通计划书。其中，需要对活动信息进行描述与规定，呈现活动的周期、内容及活动存在的风险等。

二、休闲体育项目沟通内容

（一）活动项目目标介绍

休闲体育项目沟通中要介绍休闲体育项目目标，一般是增进身心健康，丰富生活情趣，完善自我，改善人际关系，增强团队凝聚力等。

（二）活动项目组织者介绍

休闲体育活动和其他的体育活动不同之处在于，项目参与者对项目组织者和实施者的接纳程度会直接影响项目活动效果。项目参与者对组织者的认可度越高，越有利于活动的开展。因此，在休闲体育活动实施之前，应对项目组织者和实施者进行全面介绍，增进彼此的了解，以便在休闲体育活动实施的过程中顺利合作，达到预期目的。

（三）活动项目内容及实施方式介绍

休闲体育项目繁多、形式多样，不同项目有各自的特点和要求。为了便于项目的顺利实施，组织者需要在沟通时对项目的具体内容和实施方式进行介绍，使参与者在项目实施之初就能对即将参与的活动有所认识，在活动过程中能够主动参与和配合。参与者在对休闲体育项目了解的过程中，还能为组织者的活动方案提供反馈意见，帮助组织者根据参与对象的特点和要求适度修改活动方案，为活动的顺利开展奠定良好的基础。

（四）活动项目实施过程中的应急预案介绍

多数休闲体育活动需要身体运动，并在户外进行，因此，实施过程中难免出现一些意外情况，如参与者意外受伤，户外活动时团队成员迷路或脱离团队，团队成员在活动中出现冲突。为此，必须提前制定应急预案，并就应急预案达成共识，以免在活动项目实施过程中因准备不足出现无法应对的情况。应急预案考虑得越周到，活动项目的开展越安全。

三、休闲体育项目沟通过程

沟通过程包括9个要素：发送者、信息、编码、通道、解码、接收者、背景、反馈和噪声。具体来讲，信息沟通过程就是信息发出者把要沟通的信息进行编码，选择一定的信息沟通渠道传递给信息接收者，信息接收者把接收到的信息进行分析、解释，从中获得一定的意义，然后再把自己的意见进行编码，沿着一定的反馈通道反馈给信息发出者，从而形成一个完整的沟通环路。

在整个沟通过程中，我们需要关注沟通的准确性。影响沟通准确性的因素有很多，其中最重要的是发送者和接收者对信息的编码是否能够被对方准确接收和理解。这就要求双方在沟通前首先建立彼此信任的关系，其次对彼此的编码、解码方式有一定的了解，且均具备相当的逻辑推理能力。双方的了解越深入、共享经验区域越大，沟通越容易进行，沟通的准确性就越高。此外，信息的准确发送和接收还受到双方的经验、知识、才能、个人素质以及对对方的期望等因素的影响。总的来说，发送者应该擅长写作或说话，接收者应该擅长阅读或倾听。噪声是沟通过程中的干扰因素，存在于发送者、接收者、渠道等环节，妨碍人们进行有效的沟通。避免噪声干扰的主要手段有：确保信息准确明了、重复传递信息、尽量直接沟通、使用沟通双方都熟悉的编码方式等。

四、休闲体育项目沟通注意事项

（一）沟通的是利益而非内容

沟通表面上看是信息的传递、表达，但实质上是利益的生产、分配、选择，谈的是利益。许多管理者相信纯粹的说服可以解决一切，如清晰的成本收益分析会说服他人支持某行动步骤。然而，事实往往并非如此。事实上，利益决定了人们对不同事物的态度，进而影响人们的行动。所以，针对利益进行沟通才能取得良好效果。

（二）沟通中的语言要做到逻辑清晰，表达准确而简洁

语言表达时，逻辑清晰能帮助合作者理解你的思路，遵照约定的方式实施行动方案，达到理想的目标。在语言表达中，符合语法标准是有效沟通的底线，错别字和句子结构错误会使人对你的表达能力产生怀疑。简洁的语言表达一方面可以帮助倾听者更高效、准确地记住发言者表达的关键信息，排除非重要信息的干扰；另一方面还能节约双方的时间，这在休闲体育活动的实施过程中显得尤为重要。此外，适当幽默的语言还能给对方带来愉悦的感受。

（三）休闲体育项目沟通中的倾听技巧

在沟通过程中，最常用的方式便是倾听与诉说。然而，对休闲体育项目沟通而言，最大的困难并不是如何表达自己的观点，而是如何安静地倾听对方的意见。在当今浮躁的社会中，人们更多的沟通方式是急于发言，急于挑剔讲话者的毛病与观点，促使自己成为交流的中心。这种过于喜好表现自我的心理特征，使个体很难做到认真地倾听完对方的话语，取而代之的是假装性地点头赞同，表现出认真倾听的模样。这种急于求成、毫无倾听耐心和技巧的表达方式，无益于任何一种休闲体育活动。因此，在休闲体育活动中，相关人员应具备倾听技巧。管理者的大部分时间可能会花费在与团队成员、上司、消费者的沟通中。

在倾听过程中，倾听者不仅要聆听和接受对方的话语，同时要思考、理解对方所传递的信息，并给出反馈建议，如目光的接触、点头示意，或进行提问、复述。在休闲体育项目团队中，善于倾听的管理者不但能够及时发现其他成员的优点，给予成员鼓励，调动其积极性，加深团队的情感与凝聚力，而且还能通过倾听获得团队里最新的信息资讯。对休闲体育项目团队成员来讲，倾听是他们赢得消费者青睐的重要方法。耐心地倾听消费者的意见，除了能获取消费者的好感、给消费者留下良好的印象，还能

进一步激发消费者的谈话欲望，获得更多有价值的信息。而对于缺乏经验的团队成员来说，倾听可以弥补自己的不足，掩饰自己的弱点，并通过听取他人的建议来不断提高自己。

在休闲体育活动过程中，倾听能够带给参与者更多的趣味与娱乐体验。用心倾听队友的想法会使参与者获取重要信息，在活动中增进彼此的了解，加深情感交流。休闲体育活动中会设计一些迷惑参与者的语音提示，面对这种情况时，参与者通常会选择质疑式倾听。参与者会根据活动内容与场地设置，对获取的信息进行分析、筛选、整理，并在活动中寻找信息的可靠来源。同样，设计者会添加与活动场景、活动阶段的难度系数相符合的背景音乐，如果参与者融入活动的听觉盛宴中，那么紧张的音乐必定会不同于轻松的音乐，将带给参与者不一样的感受与体验。活动背景音乐会改变人的情绪，从而导致参与者心理状态的变化，使参与者能够更加享受、深刻地融入休闲体育活动中。

第三节
休闲体育项目冲突管理

休闲体育项目冲突是指在策划或参与休闲体育活动中，由于某些关系难以协调，双方存在矛盾与对立，进而产生相互对抗的行为。休闲体育项目的冲突源来自多方面，既有项目内部的冲突，也有活动项目以外的冲突。因此，在休闲体育项目实施过程中，较好地把握冲突源，有利于协调活动项目内外关系，以便对项目冲突进行有效管理。

一、休闲体育项目冲突根源

（一）活动项目团队冲突

项目团队成员的冲突管理对休闲体育活动的发展至关重要，项目团队冲突属于组织内部冲突，是管理者能够掌控并能够较好调整的。此类冲突的产生原因很大程度上来自于个人利益、权力、价值观等因素。因此，要平衡团队内部的个人利益冲突，需要缩小团队成员的专业技术差距，专业技术差异越大，越可能发生冲突；降低项目经理或管理者的奖励权力；明确每位成员的岗位角色；确保成员对活动内容、活动费用、活动计划有着清晰的了解；制定团队统一的目标；确定团队精神，使团队文化理念深入至每位成员的日常生活，进一步减少团队内部冲突。

团队成员个性冲突也是常见的项目团队冲突之一。团队成员个性冲突发生频率较低且冲突强度较小，但一旦产生冲突，是最难以解决的。团队成员发生个性冲突的对象，既存在于团队内部成员相互间，也存在于团队成员与消费者之间。其产生的原因主要由于双方具有不同的价值观与个性，且互不相让。

（二）活动项目进度冲突

在休闲体育活动中，由于实际情况的不同，活动项目的完成量、完成效果、所需时间与预计进度不一致，从而产生了项目进度冲突。从休闲体育活动的整体来看，项目进度计划的冲突强度最大。从活动初期到计划的实施过程，再到收尾阶段，项目进度冲突贯穿于休闲体育活动中。此类冲突可能来源于对运动项目的熟悉程度较弱、对活动设计方案的不明确、布置场地所需时间较长、人力资源利用不当等因素。

2016年里约奥运会的场馆及设施建设问题便是活动项目进度冲突的典型案例。一般而言，在奥运会开幕的前几年，主办国便开始了奥运会场馆及周边设施建设。雅典在奥运会开幕前2年就完成了40%的奥运场馆设施建设，伦敦在奥运会开幕前2年也完成了场馆建设的60%。可是巴西里约奥运会场馆在距离奥运会开幕还有2年时，只完成了计划建设的10%，其理由是里约州财政破产。因为资金缺乏，一些场馆建设偷工减料，本来应该修建的3个游泳场地，因为没钱变成了2个，而且连屋顶都修不起了，直接变成露天的；本来应该可以容纳1.5万人的比赛看台，因为没钱所以只修了1.1万个座位。在距离奥运会还有5周时，已经宣称竣工了的网球场地，被记者发现上面的脚手架还没有拆；自行车馆中的工人明显还在赶工；重型挖掘机在场馆外面随处可见；沙滩排球的场地也只有个钢架；曲棍球场地号称建成了，但是地面上随处可见各种水泥墩子和沙堆；用于各种水上项目比赛的4个污水处理厂只修建了1个，并且水也完全没有净化过。直到奥运会开幕前4天，赛艇、皮划艇等场馆还没有修建完成，场馆里的脚手架四处散落，没有要收工的意思。虽然最终里约奥运会如期顺利举办，但奥运场馆的修建与预期完成的质量、效果和时间发生了冲突。

（三）活动项目技能冲突

在休闲体育活动中，运动技能层面的冲突是较常见的。这种冲突主要集中在运动项目技能、运动设施、实施手段上。如活动策划者为了达到较好的效果，主张采用较高大上的运动项目（马术、滑翔伞等），在布置场地方面采用较先进的技术与材质；但是项目管理者为节约成本，建议举办较普通的运动项目，采用一般的技术材质。某些活动项目的重点是通过对运动项目的多元化设计体现更多的娱乐性和休闲性，并非展现运动项目本身的专业性。但是一些具有较高运动专业技术的团队成员在指导消费者参与活动时，却缺乏对于活动娱乐性与休闲性的领悟，向参与者展现的是运动项目的竞技性与技术性。设计师与专业技术人员由于理念不同，并且没有进行较好的沟通，从而产生运动技能方面的冲突，促使消费者无法感受到休闲体育活动所要表达的真正含义。

（四）活动项目费用冲突

休闲体育项目时常会因为成本超支而产生冲突。运动场地设置，运动项目的更新、进度的调整，活动设计师的引进等都会造成费用的增加，从而产生冲突。就奥运会而言，它比其他任何巨型运动项目的超支都严重，平均超支156%左右，有47%的奥运会超支100%以上。最高超支的奥运会是1976年蒙特利尔奥运会，超支720%；其次是1992年巴塞罗那奥运会，超支266%。而冬季奥运会中，超支最多的是1980年的普莱西德湖冬季奥运会，超支324%；随后是2014年的索契冬奥会，超支289%。2016年的里约奥运会成本是46亿美元，是举办夏季奥运会的平均水平，超支51%。研究数据显示，夏季奥运会的平均真实成本支出是72亿美元（2015年价格水平），冬季奥运会是31亿美元。截至2015年，成本最高的夏季奥运会是2012年伦敦奥运会，支出是150亿美元；冬季奥运会则是2014年的索契冬奥会，支出是31亿美元。奥运会知识管理计划对于减小奥运会成本风险是有用的，提前进行知识管理计划和风险预估有利于费用项目的规范化。

（五）活动项目资源冲突

项目资源冲突是指在项目实施过程中，项目团队成员对资源的分配意见不同而产生的冲突。在大型休闲体育活动中，常常存在着多种运动项目、多个项目团队同时运作的情况，这时最容易发生项目资源冲突。由资源冲突而导致的矛盾会严重影响活动的组织与开展，甚至引发混乱。解决项目资源冲突的关键在于活动前的周密安排、统筹规划，活动中的统一指挥、及时沟通。为了避免冲突带来严重后果，准备切实有效的应急预案是非常重要的。

二、休闲体育项目冲突解决模式

任何一项休闲体育项目必然会存在冲突，不同的冲突可以通过不同的模式来解决。由此，项目管理者在处理冲突中将担任非常重要的角色。管理者旨在了解冲突情况，寻找冲突发生的根源，并对冲突进行及时处理，最大限度地使活动项目不受影响。

有经验的管理者会在休闲体育项目中，使团队成员进行经常性的沟通，因为多数冲突的产生原因是缺乏沟通。沟通一般是面对面地进行交流，或利用媒介平台，如电话、网络进行信息传递。团队成员之间应通过这两种方式对运动项目、设计方案、场地安排等事项进行提前沟通，同时，与消费者做好活动费用、时间、效果方面的协调。这样，即便冲突发生，事先的沟通也有助于控制冲突的进一步扩展，并及时采用有效的冲突管理模式，使冲突得以解决。在进行活动项目冲突的管理时，解决冲突的模式有回避或撤退、缓和、逼迫或强制、妥协、正视五种。

（一）回避或撤退

回避或撤退模式是指使卷入冲突的其他成员从冲突情况中撤退或让步，以免发生进一步的争端。比如，当休闲体育活动的场地设置与原有的设计方案出现较大的不同，并引起了团队场地设置成员与设计师的冲突时，那么团队成员或者设计师中的某一方就此不再发表意见或做出过激的行为，而是沉默，便可在短期内控制冲突的发展。但是，回避或撤退的解决模式属于消极的冲突解决模式，只适合于短期内的冲突控制。这种模式会使双方矛盾不断地积累，并在未来的活动过程中升级成更大的冲突。

（二）缓和

当休闲体育项目面临冲突时，管理者应尽量在冲突中找到双方意见一致的方面，最大限度地淡化、缓和有分歧的地方，不再就冲突产生的原因和过程进行详细、深入的探究。相较于回避模式的直接沉默态度，采用缓和管理模式，能使双方看到彼此在冲突中意见相同的地方，使冲突双方之间的关系得到改善，减少彼此矛盾的积累。缓和模式能够在冲突中起到一定缓解作用，但不能从根本上解决问题。

（三）逼迫或强制

在项目冲突中，管理者有时会使用权力，选择强制性的方式来解决冲突。逼迫或强制的模式会使冲突得到有效抑制，减少其发生概率。但是，此模式使用强权，将忽视团队成员的情感，导致成员对管理者产生不满情绪，使工作氛围紧张。

（四）妥协

项目团队成员通过协商、权衡、分散异议和互让等方式，寻求协调冲突的解决办法，使冲突的各方都能在某种程度上满意。比如，在休闲体育活动中，当团队成员与消费者就某项事宜发生冲突时，无论团队成员之间是否存在冲突，都应该相互让步，共同协商解决与消费者的冲突。

（五）正视

对休闲体育项目的冲突管理而言，最合适的管理模式是既直接面对冲突，正视冲突的根源与结果，又重视团队成员的情绪与关系。这种冲突管理模式是管理者最常用的方法，该模式注重双赢的策略，管理者既解决了冲突，又使团队成员更加团结，关系变得更加友善和坦诚，成员的工作态度会更加积极。当冲突以正视的模式被解决后，同样类型的矛盾冲突的发生概率便会降低；同时，团队成员再次面对冲突时，都会尽力去理解他人的想法，并进行良好的沟通。

第六章

休闲体育项目策划与管理的主要策略

策略一般指可以实现目标的方案集合。休闲体育项目策划与管理的策略指休闲体育项目策划与管理过程中为实现其目标而采取的方案。本章介绍其中三个方面的策略：一是项目营销策略，二是会员管理策略，三是风险管理策略。

第一节

休闲体育项目营销策略

一、休闲体育产品设计策略

1. 搞好产品定位

休闲体育产品按形态可以分为有形产品和无形产品。有形产品包括满足人们休闲运动所需要的食品、饮料、服装、鞋类、器材、用具、场地等，呈现具体的实物形态，具有一般产品的基本属性。无形产品是指没有具体实物形态的体育服务，能够使人们愉快地度过闲暇时间，满足人们健身、娱乐和精神方面的需要，包括满足人们休闲运动所需要的健身指导、健美培训、健康咨询、运动处方、体育旅游、观赏性体育竞赛与表演等。无形产品具有以下特点：生产过程与消费过程同时进行，无法储存，无法通过库存来调节供需的矛盾，生产能力具有不稳定性；消费者通常直接参与产品的生产过程，其生产率难以测量，质量标准较难建立；产品较为个性化，因人而异，消费者对产品质量的评价建立在个人体验的基础上。

休闲体育产品按其功能可以分为四类：观赏性体育竞赛与表演、参与性健身娱乐活动、专项性体育培训服务、增值性体育信息咨询。观赏性体育竞赛与表演是覆盖范围最广泛的一种休闲体育产品，任何国家、民族、性别、年龄、收入、职业的人都可以通过各种方式享受观赏性体育竞赛与表演，主要方式包括现场观看、电视转播、电台广播、互联网等。参与性健身娱乐活动是一种人们通过主动参与体验休闲体育活动的一种产品形式，主要方式包括健身健美、竞争对抗、娱乐游戏、养生保健、探险拓展等。专项性体育培训服务是指为满足不同性别、年龄、收入的群体在学习运动技术或锻炼身体等方面的需求，开办的以专项运动技术为主的培训。专项性体育培训是青少年和儿童以及俱乐部会员休闲运动的重要内容。增值性体育信息咨询是指体育机构在体育服务的基础上为顾客提供的个性化的健康咨询、体质测定、体形塑造、运动处方、营养配方等。

依据上述产品分类，并结合市场需求分析，进行产品的设计与定位，这是营销的基础，如果这一环节没做好，将影响后续系列工作。

2. 把握产品周期

产品在市场上的销售情况及获利能力随着时间的推移而变化，就像生物界的各种生命一样，都会经历诞生、成长、成熟、衰亡的过程。这个过程是指产品从进入市场开始，直到最后在市场中被淘汰的过程，我们把这一发展过程称为产品的生命周期。产品的生命周期由四个阶段组成，即引入期、成长期、成熟期、衰退期。

（1）引入期

引入期是指产品初次上市销售的阶段。这一阶段的产品处于发展初期，生产方法尚未定型，质量和性能不够稳定，制造成本较高；消费者对产品的性能效用尚不了解，缺乏信任感；产品销量较少，利润为负数。配合产品的上市，企业应大力加强广告宣传和促销推广，提高产品的知名度和试用率，逐步提高产品的市场占有率。

（2）成长期

成长期是指产品已经定型并转入批量生产的阶段。产品得到越来越多消费者的认同，市场需求量增加，平均成本降低，销售量迅速上升，利润也随之上升。此时，企业应重点改进产品性能，稳定产品质量，加强售后服务，树立良好的品牌形象，培养产品的忠实消费者。

（3）成熟期

成熟期是指产品进入大规模生产的阶段。这时，产品的销量增长速度放慢，市场需求量逐渐趋于饱和，利润达到顶点并开始下降。各种品牌、款式的同类产品不断涌现，来自新产品和替代产品的威胁也在加剧，市场竞争非常激烈。这个阶段，企业应调整营销组合，巩固原有市场；并在不改变产品的前提下，寻找和开发新的细分市场，使产品生命周期出现再次循环，以此来延长成熟期。

（4）衰退期

衰退期是产品逐渐老化，进入更新换代的阶段。这时，产品失去竞争力，其市场份额不断被其他新产品所吞噬，消费者转向购买其他产品，产品的销售量与利润急剧下降。因此，企业应选择适当时机退出市场。

二、休闲体育价格制定策略

1. 折让定价策略

（1）数量折扣

数量折扣是指对购买商品达到一定数量的顾客给予一定的折扣优惠。其目的是鼓励大量购买或集中从本企业购买数量折扣包括累计数量折扣和一次性数量折扣两种形式。累计数量折扣规定顾客在一定时间内，购买商品若达到一定数量或金额，则按其总量给予一定折扣，其目的是鼓励顾客经常向本企业购买，成为可信赖的长期客户。一次性数量折扣规定一次购买某种产品达到一定数量或购买多种产品达到一定金额，则给予折扣优惠，其目的是鼓励顾客大批量购买，促进产品多销、快销。

休闲体育产品常采用数量折扣的策略来维持消费者忠诚度，增加消费者的消费额或消费量。观赏性体育表演和竞赛、健身场馆门票在定价中经常按消费数量或频率进行数量折扣。例如，体育比赛的门票通常包括团体票和个人票。团体票降低了主办方的销售成本，增加了消费数量，因此，会给予购买者一定的折扣优惠。再如，某健身中心对于月卡的定价是每人每月200元，续卡150元，以此来计算，若顾客一年中第一次办了一张200元的月卡，接下来的11次按150元续卡，一年共需要支付1850元。但是，顾客会不断地搜集市场信息，并倾向于同一档次收费更便宜的健身中心。

因此，如果顾客不断流失，该健身中心将面临收入不稳定的困境。如果该健身中心将其年卡定价为1500元，第二年续订，还可享受8折优惠。对于消费者来说，购买年卡比连续购买月卡便宜了350元，而第二年又可再省300元；对健身中心而言，消费群体更加稳定。事实上，稳住老顾客比开发新顾客户要容易得多，所花费的人财物力也要少得多。

（2）时段折扣

消费时段折扣是指给予在指定的特殊时段消费的顾客一定的折扣优惠。这种定价策略适用于休闲体育无形产品的定价。

人们对休闲体育无形产品的消费受到闲暇时间的限制。通常来说，人们的闲暇时间主要集中在工作日下班后、周末和节假日。因此，人们在工作日的上班时间段对休闲体育产品的需求量小，休闲体育场馆设施的闲置率较高。为鼓励消费，弥补固定成本及增加收益，为休闲体育提供场馆服务、健身娱乐服务、体育培训服务的企业可以针对一些特殊时段实行价格优惠。例如，周一至周五，某保龄球馆在8：30-14：00时段按每局12元收费，14：00-2：00时段按每局20元收费。

（3）季节折扣

某些休闲体育产品的生产和经营是连续的，而其消费却具有明显的季节性。为了调节供需矛盾，这些企业可以采用季节折扣的方式，对在淡季购买产品的顾客给予一定的优惠，使企业的生产、经营及销售在一年四季能保持相对稳定。例如，某游泳馆对冬季游泳票实行8折优惠。

2.心理定价策略的运用

心理定价策略是指企业在定价时，考虑消费者购买时的心理因素，有意地将产品价格定得高些或低些，以诱导消费者的购买来扩大市场销售量，它是定价的科学和艺术的结合。休闲体育产品，尤其是体育健身器材等大件耐用产品，以及休闲体育无形产品，如观赏性体育竞赛与表演、健身娱乐服务、体育培训服务、体育信息咨询，需求弹性较大，心理因素会对消费者的购买行为产生显著的影响。因此，了解消费者的心理，灵活地运用心理定价策略在企业定价中就显得尤为重要。常用的心理定价策略主要有以下几种。

（1）尾数定价

尾数定价，也称零头定价或缺额定价，即给商品定一个零头数结尾的非整数价格。这种策略常用于休闲体育有形产品的定价。

心理学研究表明，价格尾数的微小差别能够对消费者的购买行为产生较大的影响：第一，显示价格便宜。一般认为，5元以下的商品，末位数为9最受欢迎；百元以上的商品，末位数为98、99最为畅销。零头价格虽离整数仅相差几角或几元钱，但给消费者一种低一位数的感觉，似乎是在整数价格的基础上打了折扣。第二，体现定价精确。例如，将某型号的跑步机定价为1999元，虽然与整数2000元只相差1元，这种差别对于该跑步机的价格来讲几乎可以忽略不计，但却让消费者感觉这是经过商家精确计算的、最低的价格。

（2）整数定价

整数定价与尾数定价相反，针对的是消费者的追求名牌、注重质量的心理。整数定价策略适用于需求价格弹性较小、价格高低不会对需求产生较大影响的休闲体产品，如时尚休闲体育用品、星级宾馆或高档娱乐城内的休闲体育服务，由于其消费者都属于高收入阶层，对价格不太敏感，整数定价因此受到青睐。

整数定价也会对消费者的购买行为产生影响。首先，可以满足购买者炫耀富有、显示地位、崇尚名牌、购买精品的心理。其次，省却了找零钱的麻烦，方便企业和顾客的价格结算。再次，花色品种繁多、价格总体水平较高的商品，利用产品的高价效应，可在消费者心目中树立高档、高价、优质的产品形象。

例如，某健身俱乐部将其健身次卡定价为30元／次，会令消费者感觉购买时的付款过程方便快捷；但如果将健身次卡定价为29元／次，会令消费者感觉健身俱乐部在玩弄价格游戏，非常虚假，缺乏真诚感。

（3）幸运数字定价

在不同的国家、地区或消费群体中，由于民族风俗、文化传统和信仰的影响，往往存在对某些数字的偏爱或忌讳，例如，在我国，"8"与"发"谐音，意味着发财致富，是最为吉利的数字；"9"代表"长长久久"；"6"代表六六大顺，即事事顺利之意。

休闲体育用品可以适当采用幸运数字定价策略，以促进销售。例如，情侣装运动手表定价为9999元，家庭休闲体育旅游的套票定价为6666元，健身年卡定价为1888元。

（4）招徕定价

招徕定价是指企业为了招徕顾客而暂时将少数几种商品以优惠价出售的策略。例如，企业可以利用节假日、周末等特殊时段，将少数几种产品以低于正常价格的优惠价出售，以吸引消费者的注意力，同时促进对其他休闲体育产品的购买。

从事休闲体育产品生产经营的企业在使用招徕定价策略时必须注意，用于招徕顾客的低价产品，应该与低劣、过时产品明显地区别开来。招徕定价的特价产品，必须是款式新颖、质量可靠的适销产品，而不能是处理品。否则，将难以吸引消费者，甚至可能影响企业的声誉。

（5）习惯性定价

在长期、反复的购买活动中。消费者会对某种商品的价格形成一种稳定性的价值评估，即价格定势。消费者往往以习惯价格为基础对比价格的高低涨落，以及商品质量性能的差异。因此，对于那些价值较低、购买频率较高的休闲体育产品，企业在定价时要考虑消费者的价格定势心理，不宜偏离行业平均价格太多。否则，企业的定价一旦冒犯了消费者长期形成的价格定势，可能会引起消费者的不满，抑制消费者的购买行为。与消费者的习惯价格相比，定价过高，可能会引起消费者的抵制，导致销售量锐减，企业形象受损；反之，定价过低，又会使消费者对产品质量产生怀疑，销售量达不到预期的目标，企业收入减少。

三、休闲体育销售渠道策略

1. 直接销售渠道

直接销售渠道，也称零级渠道，是企业直接将商品销售给顾客，不经过任何中间商。一般而言，如果商品具有以下一个或多个特点，可以考虑采用直接销售渠道策略：

（1）单价昂贵、体积较大、构造复杂而要求较多技术服务、使用寿命长的商品

健身健美器械，如跑步机、健骑机、漫步机、多功能健身训练器，需要进行专门的安装及定期维护和保养，由中间商来负责这类服务的沟通与安排会造成服务延迟和信息扭曲，因此适合采用直接销售渠道。

（2）顾客比较集中，销售范围较小

健身俱乐部、健美中心、瑜伽馆等的服务对象主要是附近的居民或上班族，目标消费群较为集中，这类企业多数采用直接销售的方式，派出销售人员到附近的居民小区或商用办公地点销售次卡、月卡、年卡，方便快捷且销售费用支出不大。

（3）季节性明显、易变质、易破损的商品

面向社会大众的游泳专项培训、滑雪专项培训等通常只在指定的季节开办，直接销售渠道可以加速顾客购买、付款、接受服务的过程，从而增加了有限时间段内服务的顾客总数。

（4）企业资金雄厚，营销经验丰富，销售力量强大或具有自己的销售网点

2. 间接销售渠道

间接销售渠道，是指企业通过中间环节把商品销售给顾客的销售渠道，中间环节包括批发商、代理商和零售商。

通常来说，如果休闲体育商品具备以下一个或多个特点，可以考虑采用间接销售渠道策略：

（1）产品单价较低、体积较小、款式变化慢、容易运输储存、构造不

太复杂

休闲体育产品中的乒乓球、羽毛球、毽球、象棋、跳绳、风筝、飞盘等这方面的特点比较突出，适合采用中间环节较多的长渠道。

（2）顾客比较分散、销售范围较大

例如，运动饮料的生产企业可以通过百货商店、超市、杂货店等各级中间商来拓展销售量，使人们随时随地都能买到所需的产品，因此，应鼓励批发商、代理商和零售商参与，采用中环节较多的长渠道。

（3）企业资金紧缺，缺乏营销经验，销售力量薄弱或没有自己的销售网点

建立企业自己的销售渠道投资数额大，资金回收缓慢。采用间接销售渠道可以利用批发商、代理商和零售商的资源，减少不必要的渠道投资。例如，休闲体育报纸杂志可以通过邮政系统来征订和销售，没有必要建立自己的销售体系。

3. 复合销售渠道

采用直接销售渠道还是采用间接销售渠道并不是绝对的，企业在实际运作过程中还可以将二者结合起来，互为补充。例如，美国职业篮球协会同时采用直接销售渠道和间接销售渠道来将NBA赛事销售给消费者。消费者到NBA比赛现场观看篮球赛，实际上是美国职业篮球协会将NBA赛事作为一种商品销售给消费者，所采用的是直接销售渠道。中国消费者通过电视转播观看NBA篮球赛，实质上是美国职业篮球协会将NBA赛事的转播权销售给所签约的美国电视网（批发商），再由这家美国电视网将转播权销售给签约的中国电视台，再由电视台将赛事销售给消费者，所采用的是间接销售渠道。

近年来，电子商务极大地改变了人们的休闲生活方式，网上购物已成为一种潮流，正在推动直接销售渠道以前所未有的规模和速度继续向前发展。在易趣、淘宝等购物网站上，人们可以买到种类繁多的体育用品，如各种款式、品牌的运动休闲服装鞋类，休闲体育用品及器材。电子商务渠

道使最终消费者能够更快捷地获取自己所需的休闲体育产品的信息，并且能够更方便地比较其价格。此外，消费者还可以点击鼠标进行购买，而不用搭乘交通工具前往商场购物，大大节省了购物时间和交通费用，因而受到消费者的青睐。对于提供休闲体育产品的企业而言，专业购物网站是极好的中间商，可以缓解零售网点的客流压力，减少因开设新的零售网点而产生的固定资产投资，是传统销售渠道的补充。电子商务的发展很好地实现线上线下共同销售，使复合销售渠道更加广泛与灵活。

四、休闲体育产品促销策略

1. 运用广告

广告是休闲体育营销中应用最广泛的促销形式之一，在很大程度上影响着消费者的观念和行为。令人热血沸腾的体育广告极具有煽动性，指引消费者争先购买比赛门票和各式纪念品，穿着与自己偶像相同品牌的运动服和运动鞋，饮用奥运会赞助商的饮料……休闲体育营销中，广告的形式多种多样。但是，任何形式的广告都必须通过媒体传播给消费者。营销者必须熟知各种媒体的特点，结合产品和消费者的实际情况来安排广告的制作和播放。

（1）分析产品特征

针对不同类型的休闲体育产品，应该采用不同的媒体。例如，休闲体育服装应该采用电视或杂志作为其广告媒体，因为这两种媒体可对消费者造成视觉冲击，引发消费者的购买欲望。而健身俱乐部所提供的健身服务或培训服务则应采用邮寄方式来传播其广告信息。

（2）了解消费群的习惯

消费者的性别、年龄、收入、职业、受教育程度不同，其经常接触和喜好的媒体也不同。例如，女子健美服装的广告应刊登在青年女性喜爱的时尚杂志中；老年人休闲体育用品则可采用电台广播作为媒体。

（3）注意广告媒体的覆盖面

一般而言，广告的覆盖面应与市场的地理范围保持一致。营业网点遍及全国的休闲运动服装应选择在中央电视台播放广告。滨海类休闲体育用品的市场主要集中在沿海城市，因此，地方性的电视台、杂志是其较为理想的广告媒体。

（4）估算媒体成本

通常来说，电视广告成本最高，报纸、杂志、电台、户外广告次之，邮寄、互联网和电子邮件成本最低。针对同一种媒体而言，媒体覆盖面越大越昂贵，如全国性媒体比地方性媒体成本要高得多。营销人员应该将有限的广告资金的效用发挥到最大，选择费用较小而效果较好的媒体，达成一定的视听率，以更好地提高产品品牌的知名度，促进消费者的购买行为，并塑造良好的品牌形象。

2. 营业推广

营业推广又称销售促进或市场推广，是指除人员推销、广告和公共关系之外能够有效地刺激顾客购买、提高交易效率的各种促销活动。营业推广常用于休闲体育有形产品的营销。

（1）针对消费者的营业推广策略

价格优惠／折扣。休闲体育产品的价格优惠／折扣可以通过直接打折或优惠券来进行。某健身俱乐部对购买年卡的顾客给予8折优惠，这种情况属于直接打折。优惠券是赠送给消费者的一种购物券，消费者可以按券上标明的优惠价格购买某种休闲体育产品或服务。优惠券通常印刷或放置在产品宣传资料中直接派送或寄送给消费者。策划休闲体育产品的价格优惠／折扣时，应特别考虑应用时机、持续时间、降价幅度、持续时间及频率等因素。通常来说，优惠／折扣的幅度为休闲体育产品的10%～20%时，销售效果较为明显。价格优惠／折扣可以根据具体的时间段进行，如季节性价格、节日性的价格优惠／折扣。价格优惠／折扣持续时间过长、频率过高都会降低该产品在消费者心目中的价格定位，助长消费者持币观望的心理，从而影响企业通过价格优惠／折扣来达到刺激销售的效果。

赠送样品／试用品／礼品。指向消费者免费赠送产品的样品、试用品或相关的小礼品，以鼓励消费者试用的销售促进活动。这是介绍新产品较有效的方法之一，缺点是成本较高。赠送样品／试用品／礼品的具体方式包括直接邮寄、入户分送、定点分送及展示、全部分送或选择性分送、媒体分送、零售点分送、凭优惠券兑换、随包装分送等。休闲体育产品的样品／试用品／礼品的价值应该比较低，其主要目的是吸引消费者并使消费者产生购买的兴趣。例如，买一副乒乓球拍赠送两个乒乓球；买30次健身卡赠送一次体育舞蹈的体验课程。

产品展示／演示。指在销售点占据有利位置，进行橱窗陈列、货架陈列、流动陈列，或者在销售点现场表演产品的生产过程和使用方法，以增加消费者对产品的了解，刺激购买。这种方法适用于消费者对产品的性能、功能、使用方法等不太了解或者存有疑虑的情况，通过开展商品的展示／演示活动，可以增加消费者对产品的认知程度，使消费者尽快接受产品。在此过程中，营销人员必须设法集中消费者的注意力和购买力。比如，在推销休闲体育食品时，可以考虑让消费者免费品尝；推销健身器械或健身卡时，注意应用视觉、听觉等感官的刺激来吸引消费者的注意力。

有奖销售是指消费者凭借休闲体育用品的购买凭证参与兑奖或抽奖活动。在世界杯足球赛进行得如火如荼的时候，许多运动饮料、休闲食品的商家鼓励消费者收集包装或包装上的标志，以兑换奖金、礼品、礼券。

产品宣传资料，即向消费者派发或寄送休闲体育产品的文字或图片材料，以供消费者购买决策时参考。这种方式简单易行，成本较低。营业推广对消费者的购买行为会产生直接影响：营业推广支持休闲体育产品的现有消费者继续购买该产品，把延时购买变为即时购买，并鼓励大批量购买，接受该产品的延伸品牌或新产品；可开发潜在客户，培养新的客户群；诱使竞争对手的消费者购买和使用自己的产品，进而转化为自己的顾客。

（2）针对中间商的营业推广策略

订货会／展销会可以促进购销双方的信息沟通，从事休闲体育产品生产经营的企业可以借机吸引中间商来参观、购买或洽谈业务，从而介绍新产品，扩大现有产品的销售局面。

批量进货优惠指企业为了鼓励中间商多进货，对进货达到一定数量或一次性进货达到某一标准的中间商给予一定的价格折扣、赠送样品、产品等。

产品推广津贴指企业为鼓励中间商推广产品而给中间商提供的资金或技术方面的支持，包括广告津贴、展示／演示津贴、免费设计展示柜台、免费提供展示的样品模型等。

协助经营指企业为中间商提供产品知识介绍，培训销售人员，举办商务研讨会以协助中间商改善经营管理，增强推销效果。

销售竞赛指企业为了鼓励中间商在规定的期限内完成更多的销售额、销售量而开展的竞赛活动。企业可以根据各中间商销售本企业产品的实绩，分别给优胜者以不同级别的物质奖励或精神奖励，如现金奖、实物奖、免费旅游、度假奖、年度销售排行榜。

（3）针对推销人员的营业推广方式

企业对推销人员的营业推广主要有销售竞赛、利润提成、提供培训机会、精神奖励，以及以推销人员的销售业绩为基础来决定其晋升和薪酬。其中最为有效的是利润提成。以上方式可以鼓励推销人员努力销售企业的新产品，鼓励推销人员深入挖掘潜在顾客，对淡季销售也起到一定的刺激作用。

3. 适时公关

公关是指企业有计划地、持续不断地运用沟通手段，争取内部和外部公众的信任与支持，树立良好的企业形象和信誉，为企业发展创造良好的社会关系环境所采取的一系列科学策略和行动。

从事休闲体育产品生产和经营的企业利用公共关系促销的主要方式包括：

（1）新闻宣传

企业可以通过召开新闻发布会、记者招待会、企业庆典活动，创办内部刊物等形式，增加社会公众和内部职工对企业及产品的了解，树立公众对企业的信心。

（2）举办或支持社会体育活动

企业可以通过举办业余体育竞赛与表演，健康与运动知识讲座，与社区合办社区文娱活动，对晨晚练活动进行免费指导等活动，拉近与公众的距离，加深公众对企业的好感。

（3）支持公益活动

企业可以通过赞助、捐助、协助或举办公益性活动，如向灾区捐款、向希望小学捐助体育器材，向公众表明企业的社会责任感，提高企业的知名度和美誉度。

4. 人员推销

人员推销是企业派出推销人员直接与顾客接触、洽谈、宣传介绍商品，以实现销售目的的一种促销方式。推销人员不仅要寻找和发现潜在顾客，吸引新的顾客，开拓新的市场，推销产品，提供服务，同时还承担着树立和维护企业形象，为企业收集市场信息等任务。

（1）人员推销的基本形式

上门推销是最常见的人员推销形式。它是由推销人员携带产品或样品、说明书等走访顾客，推销产品。这种推销形式使顾客足不出户就可以买到所需的商品。但由于社会治安问题，上门推销常会遇到吃"闭门羹"的情况。

柜台推销是指企业在商场设置固定销售点，由营业员接待进入商场的顾客，推销产品。商场的营业员是广义的推销员。柜台推销与上门推销正好相反，它是等客上门式的推销方式。由于商店里的产品／品牌较为齐全，顾客可以根据自己的需要进行选择，因此柜台推销方式得到顾客的广泛接受和认可。

会议推销是指利用各种会议向与会人员宣传和介绍产品，开展推销活动。譬如在订货会、交易会、展览会、物资交流会等会议上推销产品。这种推销形式与顾客的接触面广、推销集中，可以同时向多个推销对象推销产品，成交额较大，推销效果较好。

（2）人员推销的策略与技巧

试探性策略，亦称刺激反应策略，是指在不了解客户需要的情况下，事先准备好要说的话，对客户进行试探，以刺激顾客的购买欲望，同时密切注意顾客的反应，然后根据其反应进行说明或宣传。

针对性策略，亦称配合—成交策略。这种策略的特点，是事先基本了解客户某些方面的需要，然后有针对性地进行说服，争取客户的认同并促成交易。

诱导性策略，也称诱发—满足策略，是一种创造性推销，即首先设法引起客户需要，再说明所推销的这种服务产品能较好地满足这种需要。这种策略要求推销人员有较高的推销技术，在不知不觉中成交。

五、休闲体育项目赞助策略

1. 制订赞助计划

（1）建立赞助执行机构

一般而言，赞助执行机构的规模可视休闲体育活动的规模和难易程度而定。赞助执行机构一般可设立行政管理部、市场开发部和财务部。其中，行政管理部负责行政秘书性事务，市场开发部负责设计赞助方案、寻找赞助商、与赞助商协商签约等，财务部负责管理一切往来资金。

（2）拟定赞助目标

即使赞助目的具体化。目标的确立要简明、可操作，最好是量化目标。休闲体育活动的赞助目标一般包括资金目标、实物目标、服务目标、媒体参与目标。

（3）赞助"产品"的设计与定价

设计休闲体育赞助"产品"的目的是为赞助商提供可选择的"菜单"，提高赞助的成功率。其基本原则就是要根据产品营销的基本理论，设计能满足主办机构与赞助商需要的多元化赞助"产品"组合，如活动冠名、特许标志使用、场地广告、展览或销售摊位。另外，赞助的定价常常受到休闲体育项目的规模、成熟度、影响力、社会关注程度等多方面因素的影响，制定适宜的赞助价格是确保赞助成功运作的关键。

2. 选择并接触目标赞助商

要寻找目标赞助商。首先，创建一份企业名录，并分析这些企业的类别、规模、经营状况、目标市场等。其次，分析这些企业与休闲体育项目的匹配程度，匹配程度越高，企业声誉、形象和主营产品在赞助活动越容易被受众所接受，企业实施赞助的可能性就越大。

接触目标赞助商是使赞助的可能变为现实的关键环节。一是要做好接触前的准备工作，在确定目标赞助商之后，要了解该公司哪个部门具体负责赞助事务，赞助决策程序如何运作，谁是最终决策者等。二是要把握好面谈的时机，在面谈过程中，要捕捉并强调企业最感兴趣的部分，如赞助效益、赞助价格、赞助与广告的性价比。

3. 签订赞助合同

一般来说，休闲体育赞助协议的约定有三种形式：确认函、协议书和正式合同。前两种不具备法律效力，随着赞助的发展，采用正式合同是大势所趋。就赞助合同而言，合同的主要内容包括主办机构的名称、赞助方式、赞助权力、赞助义务、违约责任、签名栏、日期及附注。

4. 实施赞助过程

实施阶段的核心任务是为赞助商提供服务，逐项落实向赞助商承诺的权益。为确保赞助的顺利进行，主办机构应指定专职人员服务赞助商。专职人员应制定详细的工作时间表，按进度逐一落实，必要时召开协调会，以消除分歧达成共识。目前，我国体育赞助活动中，主办机构重签约不重履约的情况屡见不鲜，这样做不仅会使赞助双方关系破裂，严重时还会引发诉讼，同时也给主办机构和赞助活动本身带来负面影响。

❦ 第二节 ❧

休闲体育项目会员管理策略

一、会员制的含义

休闲体育俱乐部会员制是指，俱乐部成员本着自愿的原则向俱乐部缴纳一定数额的会费，休闲体育俱乐部给予这些会员各种优惠和方便的经营方式。休闲体育俱乐部会员制是现代社会经济高度发达的产物，也是休闲体育服务行业发展的必然趋势。

二、俱乐部会员的分类

（一）私人休闲体育俱乐部的会员分类

私人休闲体育俱乐部是私密性比较强的高级俱乐部，它不仅提供高水平、专业的休闲健身服务，而且集餐饮、商务、娱乐于一体，是社会上高收入人群、商务精英、社会名流们的娱乐、健身、休闲场所。根据其消费群体的特殊性，可以将这一类俱乐部的会员分为以下类型：

1. 康乐会员

拥有这一类会籍的会员只能使用俱乐部内的康乐运动设施，这一类会员所要缴纳的会费相对比较低。

2. 个人会员

个人会员每月要缴纳较高费用，可以使用俱乐部的所有设施。一般由一名记名会员和一名不记名会员组成。

3. 公司会员

每月要缴纳较高费用，以公司的名义加入俱乐部，一般由两名记名会员和四名不记名会员组成，不记名会员可以是记名会员的家属或同僚。

4. 终身会员

终身会籍不用缴纳月费，可以使用俱乐部的所有设施，并可由子女继承而无须缴纳转会费。

（二）大众休闲体育俱乐部的会员分类

1. 次卡会员

这一类会员的会员费是按次计算的，每到俱乐部活动一次就算一次消费，其会员卡有一定的有效期，通常是一年，有效期到后即使没有消费完相应的次数也要续交会费。这一类会员对于没有时间天天到俱乐部锻炼的会员来说比较灵活，而且收费也较合理。

2. 月卡会员

这一类会员卡是按月收费，可以使用俱乐部相应的服务设施和运动器械。这一类会员卡针对有每天锻炼习惯的会员，按月收费相对次卡来说较为经济。

3. 年卡会员

个别休闲体育俱乐部针对不同的消费群体还设置了年卡会员，这一类的会员在俱乐部所享受到的服务和设施优于次卡会员，比月卡更为经济。

4. 荣誉会员（金卡会员）

这是针对高端客户群设置的，同时也可以使俱乐部有更好的人脉资源，提高俱乐部的影响力，实现会员卡的保值增值。

三、会员的招募与发展

（一）会员招募的目标

要使俱乐部会员招募获得成功，并且通过广告宣传获得效果，首先需要确定广告目标，即通过广告手段要获得什么样的潜在客户群体的认知度，达到怎样的销售业绩。假定某俱乐部规划永久会籍数额为300人，为了在6个月内实现50%的销售率，就需要考虑选择什么样的媒体或媒体组合，达到什么样的广告发布频度，实现怎样的信息传递效果。

招募广告的具体目标包括：

俱乐部及俱乐部功能与服务的充分描述；

设法突出俱乐部最重要的特点及获得会籍资格后可以享受的待遇；

目标客户群体的描述（寻求广告受众的认同感）；

回答潜在客户群"为什么要购买"的问题；

向客户群传递什么样的信息，如何传递这些信息；

采用何种手段和办法来测定信息传递效果。

（二）会员招募的手段

1. 传单彩页

传单彩页作为平面媒体的一种，具有直观、可短期保存和成本相对低廉的特点。这种广告通常可以在经过相关单位同意后，在高级消费场所进行摆放，或对俱乐部目标客户群进行邮寄或投递，特定场合下可安排进行人工派发（须注意是否会影响卫生或违反当地法规）。

2. 网络广告

网络广告的最大优点在于时效性较强，传播速度快，地域限制最小，表现形式灵活多样，成本相对较低。缺点在于广告总体效果有限，受众必须具备上网条件，而且经常需要前提条件（如网站或网页本身的信息发布、潜在客户电子邮箱资料）。网络广告的具体形式包括以下三种：

第一，专门的网站或网页把俱乐部的相关信息，如俱乐部的名称、服务项目、设备设施、联络资讯以及相关图片，加入网站或网页，使潜在客户能够有机会对俱乐部有较为全面的了解。专门网站或网页的最大困难在于如何让广告受众获得网站或网页信息，有时需要为网站或网页信息单独发布广告，载体包括报刊、卡片等。

第二，网络广告帖通常较适合在专业性网站上发布的特定会所信息，其优点是具有一定的针对性，而且在一般情况下，成本不会太高，缺点是广告效果较为有限。

第三，电子邮件广告的前提是获得目标客户群的电子邮箱信息，而要做到这一点，是有难度的。俱乐部推广采用无目标的邮件群发通常是不可取的，且很可能招致"垃圾邮件"的指责或诉讼，其行为本身也会损害会所形象。

3. 现场广告

对于某些单一项目俱乐部或特色来说，现场广告常常会成为比较有效的广告宣传模式，其优点是广告展示时间较长，费用相对低廉，受竞争因素影响较小等。现场广告以大型户外看板、路牌广告、灯箱或霓虹灯广告为主，可以发掘和吸引潜在客户的注意力，而且效果直观，作用直接。室内同时设立相关提示或具体介绍之水牌等则更显周到。

4. 报纸、杂志、广播、电视广告

报纸、杂志、广播、电视是最常见的广告媒体，其优点包括覆盖面广，受众群体广泛，其中报纸、广播、电视还具有很强的时效性，杂志可以长期保存，某些行业或专业的报纸、杂志具有相当的针对性，广告制作较为灵活。但这些媒体的受众过于宽泛，成本及资金投入与产出经常是不成正比的，效益差，故应慎重采用。

（三）造势手段示例

为了吸引目标客户的加入，在会员招募中还经常使用以下具体方法：

免费体验；

积分方案；

文化主题活动；

冠名电视专题讲座；

冠名体育比赛电视直播；

冠名健身操电视专栏节目；

冠名报刊专栏；

平面媒体系列报道及专访；

邀请明星政要作为荣誉会员；

公益慈善活动。

四、俱乐部会籍管理

（一）荣誉会员的吸纳

对于某些特定的群体来说，名人效应的力量不容忽视。政界、工商界、演艺界等社会名流的参加，对其他人士往往会形成强烈的示范和榜样作用。根据俱乐部的性质选择适当的知名人士作为俱乐部的荣誉会员，将会增加会员卡的含金量，实现会员卡的保值增值。

（二）会员推荐

加入某些高级俱乐部或会所，申请人可能被要求必须由两名正式会员提交书面推荐函，然后经过俱乐部委员会或会员理事会进行资格审定，方可办理入会手续。

（三）限额发售

根据俱乐部的设计容量，在对使用率和资金情况进行合理预估的基础上，确定会员卡发行数量，实行限额发售方式，以增加和确立会员卡购买人的价值感，使其购买行为更像一种成功的投资行为。

（四）转让限制

为了实现对会籍的有效管理，有必要在相关的会员管理文件中对会籍的转让做出适当的约定，以实现对会员卡转让行为的有效控制。高级别会所通常不接受私人之间的直接转让，而是必须先办理退会手续，然后由俱乐部直接将会籍资格授予候补申请人，或仍然要求必须由两名以上正式会员的推荐，经过会员理事会审核后再授予候补申请人。普通俱乐部特别是大部分社区会所及健身会所，则常常没有那么严格，他们允许会籍持有人转让会籍资格，在某些时候还鼓励这样做。

（五）项目使用时的会员优待措施

出于保障会员对俱乐部的忠诚和认同，俱乐部的经营者可以在项目使用规则上，将某些项目做出会员优先、优惠或免费的安排，以达到维护会员卡价值，使会员得到某种荣誉感的效果。某些高级别的私人俱乐部还对会员卡序号做出特别约定，譬如序号在前100号以内的会员可享受免除15%服务费的优惠等。

（六）退会限制

是否可以在退会时退还购买会籍的费用，将对会员卡的可销售性和会费标准的高低产生重要影响。国际上许多俱乐部已经从过去的不予退还改为可以退还或大部分退还，这实际也是为了市场竞争的需要。从会员卡潜在群体成员的角度上看，许多人甚至愿意花费更多的钱去购买一个可以退费的会员卡，这样使人更觉安全、放心和公平。从俱乐部经营上来说，高会费标准意味着可以获得更加充裕的资金，对会员卡的二次销售还会再次获得销售收益，而会员卡的价值并不会因此而降低。

（七）外部优惠

通过与相同消费档次的酒店、商店、娱乐机构等接洽，以实现俱乐部会员在这些场所消费时可以享受折扣优惠。如此操作，可以在增加上述场所的销售额、为其引来高素质客户群体的同时，实现会员身份特殊荣誉感。

❧ 第三节 ❧

休闲体育项目风险管理策略

在风险识别、风险评估之后，就应考虑如何有效地控制和处理风险，即选择各种避免损失和控制损失的对策。休闲体育项目风险处理的策略主要有以下四种。

一、风险回避

风险回避即断绝风险的来源。风险回避是户外休闲体育运动风险管理技术中最简单的一种方式，同时也是较为消极的一种方式。一般来说，风险回避在户外运动中适用于当项目风险潜在风险发生可能性很大，后果也很严重，又无其他策略可用时，主动放弃项目或改变项目目标与行动方案，从而避免风险。如天气预报有强风或暴雨，应推迟或取消活动。2002年7月，某登山社队员攀登希夏邦马山，但7月并不是登雪山的最佳季节，结果在登山过程中发生雪崩，造成了5名队员遇难。如果预先根据雪山的季节特点、气象信息或者专家经验预测到自然风险事故发生的可能性，主动采取放弃活动计划，就能成功规避风险。

直接回避某种风险是处置该风险的最简单易行的办法。然而，在具体应用时，风险回避也受到一定的局限性。首先，回避某种风险可能意味着同时放弃某种收获健康、成功与快乐的机会。其次，规避某种风险很可能产生另一种风险。因此，风险回避一般最适合两种情况采用：第一，某种特定风险所致的损失频率和损失幅度相当高；第二，应用其他风险管理技术所需成本也超过其产生的收益。例如，七八月份，我国大部分地区雨水较多，由于雨水在山体内的聚集，往往上游很小的降雨都有可能引发下游峡谷的山洪暴发。因此，这个季节去峡谷内进行户外活动，一定要密切关注当地天气的变化及其他有价值的信息，做好风险的评估与应对。2008年8月1日，23名户外运动爱好者在大明山下的赵江河谷进行户外活动，他们并不了解当地的气候多变，且不听劝阻，结果遭遇山洪，造成3人遇难。而当时另有一支户外运动队伍也准备进入赵江河谷进行户外活动，他们得知了当地有关信息，在慎重考虑和认真分析的基础上果断地取消了这次峡谷穿越，成功地回避了风险。

二、风险控制

风险控制是一种预防或减少风险损失的对策，就是针对关键风险因素逐一提出技术上可行、经济上合理的预防措施，以尽可能低的风险成本来降低风险发生的可能性，并将风险损失控制在最低程度。风险控制包括两个方面：减少损失发生的机会，即损失预防；降低损失的严重性，即设法减少损失。

损失预防是一种事前的、积极的风险控制技术，即采用各种措施努力消除造成风险的因素，以达到减少损失发生次数或不发生损失的目的。户外休闲体育运动不同于一般旅游，它有一定的探险性质，并需要一些专业的技术装备。因此，进行户外运动首先应该组织参与人员进行一定的专业技术、技能以及应急救援能力的培训，并且让参与人员了解该活动即将可能面临的一些具体风险。而参与者本身也应该根据自身的身体和技能状况，有选择性地参与自己身体所能承受的一些项目，必要时应对自己的身体健康状况进行全面的检查。而对于领队来说，不但需要具备一定的专业知识、技能和经验，同时还需要具备一定的领导组织能力和处理突发事件的应变能力。例如山地丛林穿越项目，领队需事先探路摸清路况、地形以及植被等情况；提高装备质量控制标准，以防止因装备质量不合格而引发的伤害事故；在运动过程中通过控制队伍行进的节奏、加强安全教育和强化安全措施，减少事故发生的机会。

损失减少是指在风险损失已经不可避免地发生的情况下，通过种种措施以减少损失，它是一种事后的风险控制技术。在户外运动过程中，一旦风险事故发生，领队首先应该控制局面，根据事故性质，与其他人员共同提出解决问题的办法。例如，队伍在山地、沙漠等危险地带迷路，要尽量节省体力，及时发出报警信号，等待救援；某队员由于受伤或突发疾病，在确定无力继续进行活动时应立即终止活动并将其转移到安全地带，将损失控制在最低限度。如果涉及的是团队之间的摩擦或矛盾，领队必须与成员之间进行有效沟通，控制局面，防止事态的进一步扩大和恶化，以免造成不必要的损失。

三、风险自留

风险自留是指户外运动主体将运动风险损失留给自己承担，分为主动的和被动的风险自留。主动的风险自留是在识别和衡量风险的基础上，对各种可能的风险处理方式进行比较，权衡利弊后决定将风险留置内部，自己承担全部或部分风险损失。主动的风险自留是一种有周密计划、有充分准备的风险处理方式。被动风险自留是风险评估不力或疏忽大意，没有对风险进行处理，而最终自己承担风险损失。它必然会对风险处理者产生不利的影响，因此，应尽量避免被动自留风险。风险自留通常适用于风险损失较小的风险。

四、风险转移

风险转移是试图将面临的风险转移给他人承担，以避免损失的一种方法。风险转移通常适用于风险发生频率低而损失较大的风险。

户外运动风险转移有两种方式：一是将风险源转移出去，如把风险大的部分项目转交给技术更先进、经验更丰富的户外运动从业机构；二是把部分或全部风险损失转移出去，如通过购买人身意外伤害险或俱乐部责任险，将风险转移给专业的户外运动保险公司。

风险是无时不在、无处不有的，在户外运动过程中，无论通过何种方法、手段来预防和控制风险，风险都是不可能完全避免的。因而，积极、合理地购买户外运动保险，能为户外运动的顺利开展增加一道保障，在风险事故发生后可以有效地对投保人进行补偿。

第七章

肢体主导类休闲体育
项目策划与管理实务

肢体主导类休闲体育项目是指在整个休闲体育项目体系中，肢体主导类的项目相对于心智主导涉及的面更加广泛，而内容更加丰富，项目众多，形式各一。前文提到，按项目所处的空间环境进行分类，休闲体育项目又可分为水域类、陆地类、空中类三个类别。为了让读者对休闲体育项目有个大体了解，本章从上述三类中分别选取1~2个项目作为代表进行介绍，在此基础上，列举相关休闲体育项目策划与管理的案例，并进行案例分析。

第一节
肢体主导类休闲体育项目简介

一、漂流

（一）项目概况

在复杂繁忙的经济社会中，每个工作者都担负着沉重的生存压力，生活、工作中的烦恼扑面而来。被重重压力困扰的社会人为了释放心中的压抑，普遍渴望回归自然，感受亲切而又无忧的自然生活，于是通过挑战自然来释放压力成为现代人们追求的时尚。

漂流运动以其特有的运动形式成为现代人融入自然、挑战自然的工具。漂流运动有的惊险刺激，有的舒缓优美，属于使人兴趣盎然的水上运动，因此在世界各地迅速得到普及，而且惊险的视觉感受使其具备了高观赏性和高收视率，得到了媒介特别是电视公司的喜爱。由于电视的介入，奥运皮划艇激流回旋竞赛成为极好的广告载体，是众多企业、各大公司推广形象、开拓市场的极好投资途径。

皮划艇激流回旋过于竞技，而大众又十分欣赏这种激烈的水上运动，于是漂流运动就成了流行的大众水上运动。竞技运动的辐射效应使得具有安全保障的、适于公众的非竞技性漂流运动随之兴起，并且受到大众的推崇，成为人们感受刺激、融归自然的热门项目。群众项目的非竞技性漂流运动不强调比赛成绩，而以娱乐和体验为灵魂，强调参与者在漂流中获得畅爽、愉悦的感受。这种大众型的漂流运动有着不同于竞技比赛的意义和价值。

在我国，漂流运动的起步较晚，大多数的水上漂流活动还仅仅停留在小范围的对自然河段的利用上，而真正开发出来的商业性河流资源还比较少。随着户外活动项目的不断拓展和技术技能的不断提高，漂流运动将以其特有的运动形式成为现代人们融入自然、驾驭自然的工具，成为人们回归自然的运动时尚。

（二）项目场地

由于我国地域辽阔，山河丰富，大多漂流运动俱乐部利用天然的河流干、支流作为漂流运动的场地。我国有许许多多适于漂流运动的水域，如粤东海域的巽寮湾、福建与江西交界处的武夷山水域、广西桂林水域、湖南张家界水域，皆是适宜游客旅游观光、感受漂流的好选择。

急流漂流要求场地水速湍急，流域中河床没有很大的高低落差，没有漩涡流域，河岸没有尖锐岩石等危险物，以确保漂流者人身安全。缓流漂流需要的场地水流平缓，水面宽广，无漩涡流域，无急速的水流变化。

（三）必选装备

1. 防水上衣

漂流者如遇又湿又冷的情况，运动衣是穿不住的。有一件好的防水上衣就可以不受从河里溅入的冷水的侵扰，这种上衣材质为粗纤维和坚固的胶乳帆布。

2. 漂流手套

除了热天，手套通常都很受漂流者的欢迎。一副好手套能让手保暖、不起水泡，同时使划桨更有力。

3. 背包

应该选购对于有桨或无桨漂流探险都极为理想的背包，既能保持包内物品干燥，又方便肩背和手拎，在短途的陆路上或背或提都很容易。

4. 水上运动头盔

对于急流探险来说，高质量的头盔非常必要，可以起到保证人身安全的作用。

5. 收口包

在短程旅行中，此包可装大量物品而占地小，而且能使包内物品不会被水浸湿。

6. 漂流靴

3毫米厚的氯丁橡胶靴垫即使在冰冻的水中也能使脚充分保暖，同时耐磨的靴底能使脚在岩石地上得到保护。

7. 救生衣

救生衣的功能都相同，但舒适性这一重要指标却各有差异，需要肩部、腰部和两侧都可调，腋部开口要宽松。

以上个人装备还要根据具体漂流情况选择和补充。

漂流的河段不同，可选择的漂流载体也不同。一般来说，橡皮筏适用范围最广，也最普遍、最常用。小木船适用于河道较直、少弯道礁石的河段。竹排则适用于风平浪静的河段。通常漂流俱乐部会在指定水域配备固定的漂流载体，漂流者只需根据俱乐部安排即可。

（四）注意事项

第一，出发时，最好携带一套干净的衣服，以备下船时更换。

第二，漂流时不可携带现金和贵重物品上船，若有翻船或其他意外事情发生，漂流公司和保险公司不会赔偿游客所遗失的现金和物品。若感觉机会难得一定要带相机的话，最好带价值不高的傻瓜相机，事先用塑料袋包好，在平滩时打开，过险滩时包上。

第三，上船首先要仔细阅读漂流须知，听从工作人员的安排，穿好救生衣，找到安全绳。

第四，在气温不高的情况下参加漂流，可在漂流出发地事先购买雨衣防止全身浸水。

第五，漂流船通过险滩时要听从工作人员的指挥，不要随便乱动，应紧抓安全绳，收紧双脚，身体向船体中央倾斜。

第六，若遇翻船，要沉着冷静。

第七，不得随便下船游泳，如要游泳也应按船工意见在平静的水面游，不得远离船体独自行动。

二、垂钓

（一）项目概况

垂钓运动的原型可以追溯到远古旧石器时代，那时人类为了生存，从水中获取食物来补充陆地食物来源不足。在经历徒手捉鱼、木棒打鱼、石块砸鱼等尝试后，人们得到启发，通过制作骨质的鱼钩配合饵料来吸引水中的游鱼，于是钓鱼成为几千年来人类获取鱼类产品的方式之一。陕西省西安半坡遗址出土的骨质鱼钩距今已有6000多年的历史了。

海钓运动在欧美国家已有上百年的历史，与高尔夫、马术和网球被列入四大贵族运动之一，备受青睐。

垂钓不同于简单的钓鱼活动，而是钓鱼活动与钓鱼者亲身体验的结合，是钓鱼活动的升级。简单的钓鱼活动强调"鱼"，而垂钓运动重视"钓"，出来垂钓意不在满载而归。垂钓者需要的是垂钓过程中悠闲、愉快的心理体验，以及通过垂钓获得心灵的陶冶和生活品位的升华。一名优秀的垂钓手，不仅要具备丰富的垂钓知识，还要熟练攀岩、登山、航海、游泳等技能，同时还要有负重行走的能力。在炎热的夏天和寒冷的冬天，垂钓手不仅要忍受高温的煎熬，还要经受寒风的考验。

据相关报道，日本有2000万垂钓爱好者，占全国人口的近20%；瑞典每三个人中就有一名垂钓爱好者；美国有6000万垂钓爱好者，其中近1/3是妇女，不少美国人每到周末或假期就乘车、船到湖泊或海上进行垂钓。可见垂钓运动深受世界人民的喜爱，是一项男女皆可、老少皆宜的全民运动。我国于1983年开始把垂钓列入正式比赛项目。目前我国垂钓的爱好者越来越多，并有钓鱼人口年轻化的趋势。总体上看，我国垂钓运动在乡镇的发展速度快于城市。

（二）器材

1. 钓竿及附属物

钓竿是渔具中最主要的配件，是钓鱼人购买渔具时考虑的重点，钓鱼人在购买预算中对钓竿投入比例最大，舍得花钱。他们在购买时不仅要考虑质量好，轻、不易断，又要考虑设计巧，用起来舒适，还要考虑对钓竿产品的品牌认可度与忠诚度，相对来讲，价格是次要的。目前，在国内，竿类可以说是渔具市场竞争最剧烈的细分市场之一，不仅有以钓竿为主打产品的综合厂家，还有大批的钓竿专业生产厂家。

钓线的种类有：尼龙线，具有直径小、拉力大、柔软挺直、不打结、不粘水、隐蔽性好等特点；锦纶线，耐磨、不怕挤压、柔韧性好、伸缩性小，一般用来连接钓钩；金属钓线，由铜丝或不锈钢丝制成，连接钓钩用以钓牙齿锋利的大型鱼类。

渔轮的种类有：土轮，结构简单、重量轻、蓄线量大；手摇柄机械轮；旋压式机械轮；封闭式绕线轮；自动械绕线轮，具备微电子装备，结构精密钓力大。

鱼钩的种类有：圆形钩，便于鱼吞食，不易脱钩；袖形钩，不易脱钩，装饵拴钩方便；角形钩，便于装活饵，容易跑鱼。

浮漂的种类有：立式浮漂、卧式浮漂、球形浮漂、线浮漂。

2. 钓鱼服

对于淡水钓来讲，钓鱼服并不是必备品，在海钓中则较为重要，往往与救生有关。服装的竞争远远没有钓竿激烈，厂家对于服装的生产也没有钓竿重视，目前主要是一些综合性的厂家将其作为附带产品生产，专业的服装生产厂家还很少见。制约钓鱼服购买的重要因素是消费观念、价格和质量，质量主要是指材料的防水、透气性及做工。

3. 钓鱼船

钓鱼船分小型和大型。小型钓鱼船又名旅游艇、皮划艇（二人，四人，六人），是一种小型手提式轻便旅游艇可折叠后放入旅行包，轻松地丢进汽车后备箱或固定在车顶上。大型钓鱼船又名游艇，一般用于海钓。

（三）注意事项

鱼类是大自然的宝贵生物，垂钓爱好者们在享受垂钓带来乐趣的同时，也要抱有文明垂钓的意识和责任。

1. 严禁垂钓珍惜鱼类

根据国务院颁布的水产资源保护条例等国家法规，名列在目的我国特有、稀有、濒危的水生生物是严格禁止钓取的。垂钓爱好者们首先要了解这些物种的生活范围，避免到国家保护动物的聚集地进行垂钓，并且要了解这些保护动物的形态、样貌，如果在垂钓过程中发现它们，要及时放生或上报国家动物保护部门。

2. 珍惜爱护自然环境

在垂钓过程中不要破坏水域周围的植被、环境，不要乱扔污物，不要向水域、陆地投放高污染性的化学物品、垃圾等有害物品，垂钓过程中产生的垃圾一定要细心保管并随身带离，投放到垃圾桶内。

3. 友善处理渔友关系

垂钓者周围时常有其他爱好者在同一水域享受垂钓，此时一定要保持渔友间的垂钓默契，不要大声喧哗吓走鱼群，不要到处乱走影响他人垂钓，不要与他人争夺钓点，渔友需要帮助时要主动伸出援手，适时地与渔友进行轻声交流，保持愉快氛围。

4. 遵守水域管理规定

不到明文规定禁止垂钓的水域钓鱼，在对渔具有限制规定的水域使用符合规定的渔具，尊重水域管理人员，服从管理人员的劝说或命令。

在野外垂钓，时常有意外发生，垂钓爱好者们一定要在垂钓时注意安全，配备安全装备和紧急医疗用品。对垂钓区域出没的野兽进行了解，以求在遭遇野兽时处理得当。尽量避免身体进入水域，以免被水中生物所伤，并穿戴救生衣或准备救生圈，以防落水。野外垂钓前一定要向家人、朋友说明所去地点和出、归时间，通信工具时刻保持工作状态，以便意外发生时求救。

三、拓展运动

（一）项目概况

拓展运动，又称拓展训练、外展训练，原意为一艘小船驶离平静的港湾，义无反顾地投向未知的旅程，去迎接一次次挑战。现指在自然地域，通过模拟探险活动进行的情景式心理训练、人格训练、管理训练。它是一项集求生、惊险、刺激、娱乐和教育于一体的极限运动。现今，拓展运动已经逐渐形成一种与传统的灌输式教育模式相辅相成的体验式教育模式，通过培训师的引导和讲解以及各种有趣的游戏等方式，使参与者在解决问题和应对挑战的过程中，达到磨炼意志、陶冶情操、完善自我、熔炼团队的培训目标。

（二）场地、设施与基本规则

拓展培训项目按照场地分为野外、水上、室内拓展项目；按照风险级别分为低风险、中度风险、高风险拓展项目；按照培训对象分为个人挑战、团队支持下的个人挑战、团队挑战拓展项目；按照高度分为低空、高空、地面拓展项目。不同的分项所需的器材设施和相适应的运动规则各不相同。本节主要列举全国山地运动会拓展比赛中几个较为时兴的单人和团体项目。

1.空中单杠

第一，运动员站在9米高的独立圆柱的顶端，向前跃起，双手抓住设置在前方的单杠，跃出的水平距离决定运动员的成绩。

第二，每人有两次机会，可分别计量出单杠的距离，取最远的一次成绩排名。

第三，裁判员发令后计时开始，每次跳跃的关门时间为1分钟。

第四，个人须佩戴符合规定的全身安全带、头盔。

第五，跳跃距离为1.2米以上。

第六，成功标准为双手抓住单杠，空中停留2秒钟以上。

2. 荡绳

第一，运动员站在1米高的平台上，斜上方有1根绳索，地面是沙坑，运动员在平台上抓绳荡出（可在平台范围内助跑），跃出的水平距离决定运动员的成绩。

第二，裁判员发令后30秒钟内起跳。

第三，个人须佩戴符合规定的头盔。

第四，以飞跃的水平距离判定成绩，距离远为获胜。

第五，以身体接触地面的最短触地距离判定成绩，每人有两次机会。

第六，30秒钟内没有起跳，本次试跳机会作废。

3. 天梯

第一，两人配合攀爬高12米、间距不等的悬梯，攀登中可以利用彼此的肢体相互配合。

第二，出场前在指定区域按规定穿戴好装备。

第三，队员在听到裁判指示时进入比赛场地。

第四，裁判员口令发出后计时开始，直至攀登结束。

第五，个人须佩戴符合规定的安全带、头盔。

第六，以时间判定成绩，用时短为获胜。

第七，裁判员发令时计时开始，后者触摸终点标志时计时结束。

第八，比赛过程中，队员之间除可以借助身体、圆木外，不得借助任何外力，如保护绳、钢丝。

第九，中途有任何队员脱落、拽拉绳索或用其他借力方式，如两侧缆绳，则不计成绩。

4. 携手并进

第一，两人相互支持，行走在架设于地面上、位于同一平面的两根钢丝组成的桥，以双人共同行进的距离判定成绩。

第二，裁判员发令时计时开始，距离相同时用时少者获胜。

第三，个人须佩戴符合规定的安全带、头盔。

第四，以行进距离长短排名，行进距离长者获胜。

第五，若中途脱落，以后者的后脚判定距离，距离相同时用时少者获胜。

第六，两人除双方身体外，不得借助外力。

第七，时间限制为6分钟，规定时间内没有完成，计当时的行进距离。

5. 过沼泽

第一，全队运动员共同参加，利用规定的圆筒和木板向前移动，完成规定的路线。

第二，根据裁判指示进入比赛场地，裁判发令时计时开始，在规定时间内，运动员和所有器材通过终点线时计时结束。

第三，使用赛会统一提供的公用器材装备。

第四，以用时判定成绩，用时少者为获胜。

第五，中途如有人身体接触地面或木板完全落地，取消该项成绩。

（三）注意事项

拓展运动是国内的新兴项目，初学者往往在运动中容易出现操作失误，而且拓展运动项目都具有一定的危险性，因此在拓展运动前，一定要做好全面细致的准备，整装齐全地接受挑战。拓展运动的前期准备包括思想准备、体能准备、组织准备和装备准备。

1. 思想准备

首先，了解自己将要进行的拓展运动内容，明确运动中所需要的身体、心理条件，然后审视自身现状是否满足条件。如有疾病、先天缺陷、能力差距等情况，要果断放弃运动，以免产生不堪设想的后果。如没有特殊情况，参与者则需要首先进行自我心理暗示，鼓励自己勇敢接受任务，肯定自己能够完成任务，凯旋而归。

2. 体能准备

拓展运动前，参与者要保证自己身体状况良好，体能储备充足，技术能力足够，才可进行拓展运动。如有疲劳、无力等体能不足的情况，要及时放弃运动，避免危险事件发生。拓展运动前的几周时间要加强体能锻炼，保证拓展运动时能够适应相应的体力要求，锻炼过程中要谨慎，以免产生伤病影响拓展运动时的发挥。

3. 组织准备

拓展运动前，要选择合适的同伴和保护人员。挑选运动能力足够的同伴组队，不仅是顺利完成拓展训练的必要保障，还可以减少拓展运动中危险事件的发生概率和提高处理危险事件的成功率。非专业拓展运动参与者要挑选数量、能力足够的专业保护人员在旁监督整个拓展过程，运动前详细询问安全装备佩戴细节，请教安全运动的步骤和注意事项，紧急情况下及时求助于专业保护人员。

4. 装备准备

参与者的自身装备一定要适于体育运动，穿着运动服、运动鞋，不携带尖锐的金属、硬质物品，衣物要足以保暖，防止参与者受凉。一定要按照拓展训练基地的安全章程佩戴安全保障装备，检查装备佩戴情况，确保人身健康。

拓展运动的主要安全保障装备有安全系带、头盔、海绵软垫、保护钢索、防滑手套等。拓展运动场地、器材要足够安全，不能有暴露在外的尖锐棱角和易被参与者冲撞的坚硬物体。

四、太极拳

（一）概述

太极拳历史悠久，流派众多，传播广泛，深受人们的喜爱。太极拳虽然在套路、推手架式、气动功力等方面各派有异，但都具有疏经活络、调和气血、营养腑脏、强筋壮骨的功效。太极拳作为拳术之一，早期曾称为"长拳""绵拳""十三势""软手"。至清朝乾隆年间（公元1736—1796年），山西武术家王宗岳著《太极拳论》，才确定了太极拳的名称。"太极"一词源出《周易·系辞》，含有"至高、至极、绝对、唯一"的意思。

据中国武术史学家唐豪等考证，太极拳有两大分支：一支传承于武当派武术，秘不外传，只有赵堡太极拳传承于外；另一支最早传习于河南省温县陈家沟陈姓家族，依次流传给杨氏、武氏、吴氏、孙氏等。

中华人民共和国成立后，太极拳发展很快，练习太极拳的人遍及全国。当前，仅北京市公园、街头和体育场就设有太极拳辅导站数百处，吸引了大批爱好者。卫生、教育、体育各部门都把太极拳列为重要项目来开展，出版了大量太极拳书籍、挂图。太极拳在国外也受到普遍欢迎，欧美、东南亚等地都有太极拳活动。

太极拳具有轻松柔和、连贯均匀、圆活自然、协调完整等特点，决定了太极拳在练习方法上对姿势动作的各种要求。

太极拳是中华民族传统体育项目之一，实践证明太极拳是一种重要的健身与预防疾病的手段。

（二）太极拳的场地器材要求

练习太极拳的场地要求不是很高，只要地面平坦，空气流通，环境相对清静就可以。

在练习太极拳时，穿着的衣服以宽松舒适为主。练习的同时可以配一些轻松舒缓的音乐。以健身为目的练习太极拳时，没有必要用竞赛的标准和规则来要求动作，只要掌握了太极拳基本动作要领以及对身体各部位姿势的要求即可。

（三）基本技术

以简化太极拳（24式）为例：

第一组：①起势　　　　②左右野马分鬃　③白鹤亮翅

第二组：④左右搂膝拗步　⑤手挥琵琶　　⑥左右倒卷肱

第三组：⑦左揽雀尾　　⑧右揽雀尾

第四组：⑨单鞭　　　　⑩云手　　　　⑪单鞭

第五组：⑫高探马　　　⑬右蹬脚　　　⑭双峰贯耳

⑮转身左蹬脚

第六组：⑯左下势独立　　⑰右下势独立

第七组：⑱左右穿梭　　⑲海底针　　　⑳闪通背

第八组：㉑转身搬拦捶　㉒如封似闭　　㉓十字手

㉔收势

简化太极拳是按照由简到繁、由易到难的原则，对已在群众中流行的太极拳进行改编、整理的。它去掉了原有套路中过多的重复动作，集中了原套路的主要结构和技术内容，便于群众掌握，易学易懂。这套拳共分八组，练习者可连贯演练，也可选择单式或分组练习。

五、户外骑行

（一）概述

户外骑行一般指在户外骑自行车进行有氧锻炼。自行车的拉丁文为bicyoletta，是"快"和"步行人"的意思，中文译为"自行车"。自世界上第一辆自行车问世至今已有200多年的历史了。18世纪末，法国人西夫拉克发明了最早的自行车。这辆最早的自行车是木制的，其结构比较简单，既没有驱动装置，也没有转向装置，骑车人靠双脚用力蹬地前行，改变方向时也只能下车搬动车子。世界上第一批真正实用型的自行车出现于19世纪初。1817年，德国人德莱斯在法国巴黎发明了带车把的木制两轮自行车。这种自行车虽然仍旧用脚蹬地才能前行，但是可以一边前行一边改变方向。随后，自行车的技术、性能不断得到改进。1839年，英国人麦克米伦发明了蹬踏式脚蹬驱动自行车，骑车时两足不用蹬地，提高了行驶速度。1869年诞生的雷诺型自行车，车架由钢管制作，车辆也改为钢圈和辐条，采用实心轮胎，使自行车更加轻便。1887年，英国人劳森完成了链条驱动自行车的设计。同年，英国人邓鲁普研制出了充气轮胎。从此，自行车技术也完成了向商业化的转化，批量生产并投入市场。中国是世界上使用自行车人口最多的国家。随着社会经济的发展，1977年美国旧金山诞生专门为越野（丘陵、小径、原野及沙土碎石道等）行走而设计的自行车，即山地车。此时的山地车的基本结构包括车架、前避震、把力、把横、拉杆、坐管、坐垫、坐管箍、曲柄组（左右曲柄+牙盘）、脚踏（左右）、中轴、花鼓（前后）、快拆、拨链器（前后）、飞轮、链条、外带、内胎、轮圈、辐条、双控手柄（所谓双控就是刹车把+指拨）、刹车（前后）、刹车管线等。

（二）骑行装备

1. 着装配备

头盔1个、全指或半指手套1双、袖套、裤套、骑行裤1～2条、紧身衣2件、快干衣、冲锋衣、冲锋裤、徒步鞋等。

2. 车子配备

码表、便携型或短装小气筒、水壶、头灯或车前灯、车子尾架、驮包、车头包、刹车制胶、刹车线、调速线、绳子或胶带等备用。

3. 修车工具

6毫米、5毫米、4毫米内六角，16毫米、15毫米螺帽扳手，钳子，通用型十字螺丝刀，一字螺丝刀，补胎工具1套。

4. 防护急救用品

创可贴、药水胶布、纱布、蚊怕水、风油精、保济丸、感冒药等。

5. 日常用品

换洗衣服、牙膏、牙刷、洗发、沐浴液、防晒用品、毛巾、洗衣粉、胶袋、水壶、纸巾等。

6. 食物

压缩饼干或者其他封装食品。

7. 其他物品

小型多功能匕首、指南针、地图、打火机、纸和笔、手机、相机及电池等。

（三）自行车骑行方法

自行车运动的踏蹬方法有自由式、脚尖朝下式和脚跟朝下式三种。

1. 自由式踏蹬法

脚在旋转一周的过程中，根据部位不同，踝关节角度也随之发生变化。自由式踏蹬符合力学原理，由于力的方向与脚蹬旋转时所形成的圆周切线相一致，减少了膝关节和大腿的动作幅度，有利于提高踏蹬频率，从而自然地通过临界区而减少死点。同时大腿肌肉也能得到相对的放松。但这种踏蹬方法较难掌握。

2. 脚尖朝下式踏蹬法

其踏蹬特点是，在整个踏蹬旋转过程中，脚尖始终是向下的，这种方法踝关节活动范围较小，有利于提高频率，容易掌握，但腿部肌肉始终处于紧张状态，不利于自然通过临界区。

3. 脚跟朝下式踏蹬法

这种方法在正常骑行中很少使用，只是少数人在骑行过程中做过渡性调剂用力时才使用此方法。它的特点是肌肉在短时间内改变用力状态，得到短暂休息，达到缓解肌肉疲劳的目的。正确的骑车姿势是上身较低，头部稍倾斜前伸，双臂自然弯曲，便于腰部弓曲，降低身体重心，防止由于车子颠簸产生的冲击力传到全身，双手轻而有力地握把，臀部坐稳在车座上。

（四）自行车骑行注意事项

第一，出行前必须自行检查车况，车胎是否漏气、变速器是否顺畅、前后刹车是否灵敏、是否存在安全隐患等。

第二，出行一般安排在早上，必须在出行前进食足够的食物，保证能量的供给，以免出现低血糖症状，给骑行带来危险。

第三，每次骑行过程中，必须正确佩戴头盔及相应护具。

第四，骑行时手机来电禁止接听，如需接听则应停在路边的安全范围之内接听手机。

六、热气球

（一）热气球运动概述

热气球运动在国外非常流行，也是国内新兴的休闲体育项目之一。据国际航联统计，所有飞行器中热气球的安全系数最高。热气球不仅给人类的飞翔之梦插上了翅膀，而且将这个梦想点染得五彩缤纷、绚烂夺目，人类的创造力、想象力在热气球上表达到了极致。

（二）热气球的起源和发展

热气球在中国已有悠久的历史。2000多年前，汉武帝时代淮南王刘安的门客们编写的《淮南万毕术》中就记有"艾火令鸡子飞"。到了五代时期，莘七娘随夫去福建打仗时，将松脂灯用于军事联络。松脂灯是用竹篾扎成方架，做成大灯，点燃置于托盘上的松脂，上升的松烟把灯笼托起。松脂灯也称孔明灯，在民间流传范围很广，这可以说是世界上最早的热气球。

1783年，蒙戈菲尔兄弟在法国里昂安诺内广场公开表演，一个直径为12米的模拟气球升起。这个气球用糊纸的布制成，布的接缝用扣子扣住，兄弟俩用稻草和木材在气球下面点火，气球慢慢升了起来，飘然飞行了2英里。

第二次世界大战以后，高新技术的应用使球皮材料以及致热燃料得到普及，热气球成为越来越流行的公众体育项目。

我国热气球运动的开展是1982年9月，美国福布斯杂志社主编福布斯先生（M.L.Forbes）带着他的热气球访问了西安、洛阳、北京等地，在北京的八达岭长城脚下他亲自驾球飞行表演。1983年，我国首批热气球驾驶员开始飞行，我国的热气球运动便从此诞生。中国航空运动协会曾多次成功举办了以"飞越长城"为主题的北京国际热气球邀请赛，还安全顺利地组织了热气球飞越黄海和琼州海峡的探险飞行，以及上海电影节热气球汇展等大型表演活动。

（三）热气球运动的特点及发展趋势

热气球的基本原理是热胀冷缩，当空气受热膨胀后，比重会变轻而向上升起。热气球没有动力系统，在空中是随风而行。但是，由于风在不同的高度有不同的方向和速度，驾驶员可以根据飞行需要的方向选择适当的高度。热气球在空中不能主动操纵改变方向，因此，驾驶气球探险更是人们征服自然、体现自我的极好选择。

当今的热气球工艺先进，能做出各式各样的异形球，加之气球体积庞大、色彩鲜艳，很多大型庆典活动常常少不了热气球助兴。几千立方米的气球可以飞几十米高，五颜六色的外表上有各种精美的图案，空中飘飞时，极易吸引人们的注意力，并留下深刻的印象。

热气球是人类最早的升空载体，而随着热气球材料的改进、制作工艺的提高和驾驶技术的日臻完善，热气球飞行已成为越来越受欢迎且成熟的空中休闲体育项目。随着经济的腾飞和人们生活方式的巨大变化，热气球运动不仅是一种新兴的体育项目，它还在休闲娱乐、航空拍摄、观光旅游、广告宣传等领域有着广泛的发展前景。

（四）热气球场地与主要构成装备

1. 场地要求

需30米×30米的平整场地，周围无电线及高大建筑。新学员建议在4米/秒的气候条件下飞行，在飞过高压线、高大建筑、牲畜养殖场、村庄时要保持安全高度。

2. 主要构成装备

热气球由球囊、吊篮和加热装置等部分构成，球皮由强化尼龙制成（部分由涤纶制成），质量很轻，但非常结实，球囊不透气。

（1）吊篮

吊篮由藤条编制而成（我国大多数采用东南亚进口的材料），着陆时能起到缓冲的作用。吊篮四角放置4个热气球专用液化气瓶，置计量器，吊篮内还装有温度表、高度表、升降表等飞行仪表。

（2）燃烧器

燃烧器是热气球的心脏，比一般家庭煤气炉的燃烧能量高150倍。当主燃烧器点燃时，火焰有2~3米高，并发出巨大的响声。点火燃烧器是主燃烧器的火种。另外，热气球上有两套燃烧系统，以防空中出现故障。

（3）压力舱

环球飞行的飞行员们住在一个密封性能极好的压力舱中，压力舱提供适宜的温度、压力和空气环境，这与普通热气球上的大筐不可同日而语。

（4）燃料

热气球通用燃料是丙烷或液化气，气瓶固定在吊篮内，一只热气球能载运20千克的液体燃料。

（五）驾驶安全与注意事项

几乎所有人都担心热气球的安全，飞行员需要做的是严格遵守操作规则，因为热气球的上升动力是燃烧系统燃烧所产生的热气，如果燃烧系统不能产生热气了，气球球囊自然就慢慢降落。热气球已被国际航联证实为最安全的飞行器。

驾驶热气球的飞行人员，必须持有中国民航局颁发的有效驾驶执照和体检合格证，并按照技术标准飞行。热气球飞行必须符合下列气象标准。

第一，累计飞行时间在100小时以下者，昼间系留飞行时的风速不大于4米／秒，自由飞行时的风速不大于6米／秒。

第二，累计飞行时间在100小时以上者，昼间系留飞行时的风速不大于5米／秒，自由行时的风速不大于8米／秒。

第三，自由飞行时能见度不小于1.5千米。

第四，夜间系留飞行时风速不大于3米／秒。

第五，飞行区域内无降水，多球密集飞行时，上升和下降速度通常不得大于1米／秒。

第六，起飞着陆场地要求：平坦、开阔。起飞或进场方向净空条件良好，无高压线及影响起飞或进场的障碍物。

<h1 style="text-align:center">第二节</h1>

<h1 style="text-align:center">肢体主导类休闲体育项目策划案例分析</h1>

一、策划方案精选

（一）水域类休闲体育项目策划案例

水上乐园策划方案

前言

　　××市位于××省中部，地处伏牛山脉与豫东平原过渡带，属暖温带季风气候区，人们的亲水欲非常强。兴建水上乐园，建立一个集游乐、生活于一体的水上乐园，包括沙滩浴场、儿童乐园、音乐喷泉、游泳池、避暑庄园、中心商场等，既能满足当地人旅游的需要，还能带来旅客，刺激消费，带动城市的发展。

　　一、项目概况

　　1. 项目名称：植物园水上乐园开发项目。

　　2. 项目建设地点：××市植物园。

　　3. 项目建设单位：×××××××××××。

　　4. 项目建设规模及主要建设内容：总用地面积约50亩，总建筑面积1000平方米，建有运动区、休闲娱乐区、烧烤区，有滑水索道、摩托艇、沙滩车、沙滩排球、水上降落伞、透明球、水幕电影等众多的游乐项目。

　　5. 项目估算总投资：3000万元。

　　二、项目规划背景及必要性

　　1. 项目规划背景：

　　××市位于××省中部，地处伏牛山脉与豫东平原过渡带，属暖温带季风气候区，人们的亲水欲非常强。

2.项目规划必要性：利用当地独特的地形资源，以较低的成本打造高水平、大型水上乐园项目，有利于突出城市特色，改变整个旅游资源有静景无动乐的现实状况，在较短时间内迅速提高知名度，创出品牌，吸引人气。建立以水上乐园为中心，辐射周边景点，形成集休闲、度假、体育、养老、娱乐、购物于一体的一点多线旅游资源，必将带动城市的经济发展，逐步实现以旅游业为主的支柱产业战略目标。

三、项目优势分析

××森林植物园位于××城区东北部，在新市区规划内距市中心2千米，是我市最大的游乐场地，地势开阔，绿树掩映，现有的设施已经初具规模。在现有内容的基础上改建扩建，投资少，能在短时间内扩建成我市的一个亮点。

四、项目目标定位

打造集绿色生态回归、游园嬉水、休闲度假于一体的水上乐园，在丰富本身经营内容的同时，增加更多的游乐项目，提高亲水文化内涵外等，结合周边的餐饮、酒店等配套场所，进一步丰富和完善水上游乐场所的消费内容。

形成"可览、可游、可参与"的环境景观，构筑"城市—郊区—乡间—田野"的空间休闲系统，从而带动植物园乃至整个城市的整体规划和文化发展。

五、项目规划

（一）项目规划原则

1.生态保护原则。注重生态保护，顺天时、地利而建，展现人的活力与自然魅力和谐交融，重视景观效果设计。

2.市场导向原则。以市场需求确定项目产品和服务，始终保持恢宏大气、震撼人心和高速活力、先进安全的市场形象，把娱乐与精神陶冶结合起来。

3.挖掘特色原则。以成熟、精细的设计发掘项目及当地特色，赋予消费者独特、饱满的愉悦体验。

4.多元整合原则。本项目不仅内部各子项目之间形成一体，与周边环境、景点和项目也形成有机结合的关系。

（二）项目策划思路

1. 着眼整个城市，结合植物园等周边环境，打造集观光、体验于一体的文化特色旅游产业。

2. 在项目内容运行过程中，强调势、力、速、美、多变和持久的极限感受和音响配合。

3. 利用本项目的开发，带动当地旅游、房地产、餐饮、宾馆业的发展。

（三）项目主题策划

游客进入后，在水的流动、水的浮力、水的冲击、水的形状、水的色韵中感受到乐、趣和美。

1. 沙滩浴场／沙滩排球场：位于西部进口，大小为16米×8米，用40~60厘米厚的海滩沙构成。平时是沙滩浴场，有赛事时是沙滩排球场。

2. 儿童娱乐区：在浅水区设儿童娱乐区，安装音乐喷泉和一些低矮的杠、桥、儿童滑道及橡皮房等。

3. 音乐喷泉：在现有的基础上改建，增加电脑灯光控制，打造夜场主要亮点。

4. 游泳池：设深水区、浅水区，升级为室外标准比赛池，复建一座室内恒温池。

5. 造浪池：面积约5000平方米，在南边水域改建造浪池，与绿树构成"海岸线"，天高水阔，天水交融，独成一景。通过改变水流，使其流入造浪池进行简便的造浪，使造浪具有长时间的持续性，并通过控制节奏调动人们的心情。造浪池使用国际先进的造浪机械，有多达10种的不同造浪模式，造浪高度最高可达2米左右。岸线可让游人进行阳光浴、小型聚会、简单的娱乐，水面设海中散步、透明球、塑料滚筒、碰碰橡皮船等项目。

6. 水幕电影：多媒体激光水幕电影，集"水、声、光、电"为一体，制造出美轮美奂的奇妙效果，使观众置身于身临其境的奇幻意境中，享受震撼的视觉盛宴，营造良好的夜场环境。

7. 透明球：可供双人在水面上行走或跑步的运动游乐器械，独特的地方是人站里面向前行走，是不是跌倒爬起，给游客带来快乐。

8. 水下蹦床：从水里跃出水面，愉悦心情。

9. 更多水上娱乐项目视情况逐步完善。

六、项目基础设施

1. 道路停车场：合理规划，便于运营。

2. 给排水：在现有项目基础上建设完善的雨水收集处理使用和污水处理系统

3. 旅游标志设置：严格按照国际旅游业的规定，规范设置出入口、警示、解说、公共设施等标志，文字使用规范、简洁、流畅，标志牌美观、实用，与环境相协调。

七、项目建设工期

工程进行施工，包括乐园的土建、安装、绿化等，将工期分为三期。

综上所述，本项目具有重大的社会意义和经济效益，是切实可行的，应给予高度重视，大力扶植该项目的进行。

（二）陆地类休闲体育项目策划案例

×××班级户外活动方案

一、活动目的

1. 激发学生的团队意识，增强集体的凝聚力。

2. 培养学生积极向上、乐观豁达的态度。

3. 激发学生的自我效能感。

二、活动地点（待定）

三、活动时间（待定）

四、活动流程

1. 团队集结，团队热身。

2. 参与团队项目。

3. 团队返程，团队总结。

五、注意事项

1. 严禁个人单独行动，任何个人都必须服从安排，要以大局为重，坚持少数服从多数的原则。任何因个人不遵守纪律造成的不良后果由其本人承担。

2. 请在进行活动时注意环保，活动结束后清理现场，此外还要维护校园公共设施的安全。

3. 现场的工作人员有义务随时制止任何有危险性的活动。

六、活动原则

1. 自主性原则：活动主体是参与其中的同学们，活动的设计与开展都必须以参与者为中心，参与者的自主性要得到充分的尊重。

2. 开放性原则：活动的参与不受专业、年级和院系的限制，鼓励同学们进行大范围的交流，不同专业背景、不同年龄的学生相互沟通。

3. 多样性原则：活动的种类多样，参与者也多样。

4. 柔性原则：在实施计划的过程中不用硬指标评价，重在参与，追求真正的学习，倡导用人性化的标准来评价参与者的表现，让参与者在完成目标后体验被认可的感觉。

七、经费预算

略。

八、活动项目介绍

项目一

一、游戏名称

松鼠与松树。

二、游戏道具

（无）。

三、游戏规则

1. 角色设置：松鼠、松树猎人（精灵）、监督员。

2. 口令设置：

1）猎人来了——松鼠逃跑，松树原地不动。

2）森林失火——松树逃跑，松树原地不动。

3）地震了——松树和松树全部逃跑。

3. 角色具体说明：

1）松树猎人（精灵）可以充当任何角色，在口令1中可和松鼠竞争位置，在口令2中与松树竞争位置，在口令3中可同时竞争松鼠和松鼠的位置。

2）松鼠和松树只能竞争原来角色的位置。

3）监督员是监督游戏中被淘汰的松鼠和松树的。

4. 人数：不少于11人（精灵原则上设为1名），但为加强竞争可适当添加人数。

5. 步骤：

1）先任命1名监督员。

2）随机抽1名队员充当精灵。

3）其他队员手牵手围成一个圆，从1名队员开始123报数。

4）报1、3队员充当松树，两人面对面站立，举手手心接触形成树洞。

5）报2的队员充当松鼠，蹲在树洞里。

6）每3人一组按圆形均匀分布，监督员和精灵站在圆中间。

7）由监督员发口令（随意），队员按上述规则行动。

6. 奖惩：每一次口令下达后，监督员要找出被淘汰的松树和松鼠，被淘汰的将现场给队友们表演一个节目，然后被淘汰队员充当精灵。

四、活动感受要点

此活动是为了培养同学们的团队意识，使团队雏形基本形成。

五、分享阶段重点内容

三种意识：危机意识、竞争意识、合作意识。

一种心态：积极心态。

项目二

一、游戏名称

信任背摔。

二、游戏道具

1张桌子、2根绳子。

三、游戏场景的组建

1. 用桌子搭建一个平台（高度可调整）。

2. 两名队员一组，面对面站立，双手手心向上搭在对方的肩上，两人将右膝盖相互顶着，重心稍微向下偏移。

3. 至少5组并排站在一起，组成1个救生气垫。

四、游戏规则

1. 时间：不定。

2. 人数：至少12人。

3. 角色设置。

指导（系绳子的人员）1名。

安全人员（接人的）至少10名。

2. 步骤：

1）组建场景。

2）1名队员站在桌子上，背对着安全队员，双手交叉反扣合在一起，然后向内侧翻转至于胸前。

3）由指导将该队员的手和脚分别用绳子绑起来。

4）该队员高声喊："我相信我的战友，那么准备好了吗？"

5）安全人员答道："我们准备好了。"

6）该队员数123，然后笔直倒下。

五、活动感受要点

信任是本活动的重点，在一个团队里是很关键的，只有相互信任，团队才会有凝聚力，才会更有战斗力。

项目三

一、游戏名称

孤岛求生。

二、游戏道具

鸡蛋1个、报纸1张、筷子1双、胶带1段、80厘米×20厘米木板2块、网球或乒乓球3只、木桶或塑料桶1只、任务卡片、眼罩。

三、游戏规则

训练开始，各组分别接到任务卡片及道具。

盲人岛卡片

任务：

1. 器械：80厘米×20厘米木板2块、木桶或塑料桶1只、网球或乒乓球3

只、任务卡片、眼罩。

　　2. 将1个球投入水中的1个桶中。

　　3. 所有人集中到珍珠岛。

　　规则：

　　1. 第一个任务完成后才能离开盲人岛。

　　2. 岛的周围是激流，任何人和物品一旦落水都将被冲回盲人岛。

哑人岛卡片

任务：

将所有的人集中到珍珠岛上。

规则：

1. 只有哑人可以协助盲人移动。

2. 只有哑人可以移动木板。

3. 只有盲人完成了第一个任务后才能移动木板。

4. 哑人不得开口说话。

5. 岛的周围是激流，任何人和物品一旦落水都将被冲到盲人岛。

6. 岛的四周是松软的沙地，受力过重可能会塌陷。

珍珠岛卡片

任务：

1. 器械：1双筷子、1张报纸、1段胶带，要求利用这些器械使鸡蛋从高处落下不碎。

2. 数学题：ABCDE×3=EDCBA，问A、B、C、D、E各是几？

3. 利用一定的物理原理和器械，将所有的人集中到一个岛上。

时间：30分钟。

规则：

1. 岛的周围是激流，任何人和物品一旦落水都将被冲到盲人岛。

2. 岛的四周是松软的沙地，受力过重可能会塌陷。

四、活动感受要点

1. 盲人岛、哑人岛、珍珠岛各有优势，但又各有劣势。各层分别相当于一个团队中的基层、中层、决策层。

2. 中层（哑人）一味向基层（盲人）寻求沟通，而缺乏向决策层（珍珠岛上的正常人）的汇报、沟通。中层对自己解决不了的问题应及时向决策层汇报。

3. 决策层被琐碎的事务所困扰，不能科学决策。

4. 基层在整个游戏中很无奈。一个团队明确团队的目标和任务是非常重要的。

（三）空中类休闲体育项目策划案例
×××热气球表演活动方案

一、活动主题

××省第×××届运动会热气球飞行表演活动。

二、活动时间

××年12月3日——××年12月16日。

三、活动地点

深圳体育场及各分会场。

四、活动目的

为省运会的各项活动增添隆重和热烈的气氛，起到壮大声势、扩大影响、提高宣传力度的作用，使省运会的各项活动具有新颖、独特、气势恢宏的轰动效果。同时可配合媒体以全新的视角和立体的形式进行全方位的宣传和报道。按××届省运会组织落实会议的精神，把本届运动会办成"更新颖、更精彩、更具现代气息"的体育盛会。

五、关于热气球运动的介绍

热气球运动最早出现于1783年，经过200多年的发展，现已经成为风靡世界的空中体育运动。据国际航联研究统计，热气球是目前最安全的飞行器。世界多个城市每年都定期举办规模宏大的热气球节，借此推动旅游等相关产业，带动当地经济的发展。

热气球体积庞大，色彩绚丽，具有极强的视觉冲击力。在空中缓缓飞行的热气球是地面上视觉范围内所有人注目的焦点，因此它成了最具轰动效应的空中立体广告载体。热气球与其他飞行器相比，其低空、低速、平稳、安全、操控简单等特点，特别适合于各类大型庆典表演、烘托气氛、空中摄影摄像、地形测量等活动，是礼仪、新闻、影视、测绘等行业的选择之一。

六、活动内容说明

本届省运会的热气球表演活动由深圳市××热气球俱乐部（以下简称"热气球俱乐部"，包括其会员单位）独家赞助，全面负责活动所需的器材、人员、技术、制作等。

1. 飞行，拉烟表演。

2. 场外系留升空。

3. 空中摄影，空中电视转播。

七、具体活动形式描述

1. 场内起飞，吊挂条幅——在运动会开幕式和闭幕式时，在田径场中间准备四只色彩艳丽的热气球，待宣布开幕和闭幕时热气球腾空而起，并放下四条巨大的条幅，同时抛洒大量彩色纸花。四个体积庞大的热气球拖带四条红色的巨大条幅冉冉升空，伴随着漫天飞舞、色彩缤纷的纸花，将为大会掀起第一个高潮，其热烈、欢庆和宏大气势的场面不难想象。这时，大型团体操等节目就可以开始表演，使得节目间的衔接也十分自然。

2. 气球凌空，燃点火炬——如今各种大型运动会都十分注重火炬点燃仪式的设计和创新，因为这个环节往往是大会开幕式的一个重头戏。

我们建议设计一个用热气球凌空点燃火炬的仪式，这也将成为本次运动会的一大特色。点燃火炬者乘热气球在空中飞过火炬附近时，用鸣枪（类似信号枪等）、射箭、抛扔火种等方式象征性点燃火炬，可使点火仪式既独特又富有观赏性。这种形式也将成为各媒体争相报道的焦点。

3. 过场飞行，拉烟表演——这种形式的表演不仅仅限于开幕式和闭幕式，大会期间的各种活动都可穿插这种表演，在热气球拉烟的同时还可抛洒纸花、传单等。

4. 场外系留升空——在运动场的场外，计划安排5~6个系留飞热气球，可拖带条幅升空悬停在40米高度，以烘托场面和扩大宣传效果。

5. 空中摄影，空中电视转播——为搞好本次运动会的宣传报道工作，热气球可供各新闻媒体等单位用作空中摄影、摄像等，以便对本次大会的记录和报道获得全新的立体化视觉角度。

八、具体活动安排

1. 热气球表演队伍。

热气球俱乐部将提供6~10只标准7号热气球用于本次活动。热气球飞行、表演所需的飞行员、地勤人员、辅助人员以及活动组织管理和策划人员等由俱乐部协助大会组委会安排。

2. 关于器材和设备的介绍

热气球高23米，最大直径17米。

吊篮外围尺寸1.5米×1.2米（4面）。

可持续飞行时间：1.5小时。

定员载人：4位（包括驾驶员）。

最大升、降速度：5~6米/秒。

一般飞行高度：300米。

飞行速度：视风力情况。

下垂飘带条幅最大尺寸：20米×1.5米。

3. 人员计划——计划参与活动人员总数为65人左右。

飞行员11人（其中后备飞行员1人）。

飞行助理10人。

地勤人员30人（包括地勤车司机）。

地面指挥人员：3人。

辅助人员：5人。

前期策划人员、管理人员：5人。

4. 表演区域和表演形式计划。

场内自由飞升空表演4个热气球（主要安排在开幕式和闭幕式上）。

场外系留飞升空表演6个热气球（主要安排在主会场外，大门两侧）。

自由飞行和空中摄影等视具体情况安排。

5. 辅助设备及器材的设计、制作——主要包括广告条幅、抛洒纸花的设备和材料、烟雾发生材料等（这部分工作所需费用应由大会提供）。

6. 与大会总体活动的协调配合——热气球表演活动被编入大会程序后，本活动计划将与大会总策划和总导演进行协调沟通，按总导演安排的时间和位置，热气球表演队将进行多次飞行演练并参加大会的实地彩排。

7. 前期宣传炒作。

热气球表演方案确定后，应全力组织媒体攻势对本次大会的独特创意、宏大场面进行宣传报道。一方面会使企业投入广告的意欲增加，另一方面会让民众和媒体的关注度大大提高。这对赛事招商、门票销售、媒体报道力度都有极大的促进作用。前期宣传可采取记者专访、新闻发布、网络消息、专题节目和海报张贴等多种方式进行。

8. 时间计划。

具体时间计划表在活动建议确定后的3天内做出书面安排。

9. 费用预算。

预计运动会期间热气球表演将分3天进行，按3天全日表演（包括预演排练）计算。

九、意外情况准备

热气球飞行表演对气候条件有所要求，一般要求风速不大于8米/秒；没有降水；能见度不能少于1500米。考虑到热气球表演可能因为天气的原因不能进行，因此，大会应准备好当热气球不能表演时的另一套备用方案。

所有参与热气球表演活动的人员的人身意外伤害保险由俱乐部负责投保，现场意外情况的应急、救护、消防、治安等列入大会统一安排。

十、预期效果

由于近年来我国参与国际大型赛事较多，媒体和观众对国内赛事尤其是地方性体育赛事的关注程度逐渐减低，采取一些新颖的形式和大胆的创意来扩大赛事在民众中的吸引力和影响力是十分有效的。利用热气球表演为大会加强宣传力度，预计将达到以下几个方面的效果：

新颖、独特富于创意的场面设计和强大的视觉震撼力将使大会的庆典场面更加壮观、辉煌，尤其是开幕式和闭幕式。

对促进广告赞助、门票和纪念品的销售等有极大帮助。

增加新闻价值，使媒体报道更加积极主动，同时可取得全新的视觉角度。

增加和丰富了大会的宣传载体。

对赛场外围和周边地区的视觉影响巨大。热气球升空后将使方圆几千米的人群都为之注目，巨大的球体拖着巨幅广告飘过城市上空，其影响力不言而喻。

二、策划方案案例分析

一个休闲体育项目策划方案的出台是调查、分析、构思、完善、定稿等一系列活动的组合过程。其中，分析过程有助于解决方案策划的必要性与可行性，这也是制订策划方案的关键点。下面以上文《水上乐园策划方案》为案例，针对休闲体育项目策划的必要性与可行性进行相关分析。

（一）水上乐园策划的必要性分析

一般来说，项目建设必要性的论述主要包括八个方面：项目建设的背景，项目建设是否符合国家政策，项目建设是否符合区域经济的需要，项目产品是否符合市场的需求，项目建设是否能取得良好的社会、经济、政治效益，项目建设是否符合银行的贷款政策，项目建设是否符合企业发展的要求，项目建设是否能将科研成果转化为社会生产力。

1. 项目建设的背景

建设背景的分析主要有三个方面：一是概括性地对国家相关政策进行解读，二是对项目所属行业的现状与发展趋势进行介绍，三是对拟建设的项目所在地的经济文化进行描述。

2. 项目建设是否符合国家政策

项目有无必要建设，要看其是否符合国家一定时期的产业政策，这是作为决策项目取舍的重要依据。产业政策确定了整个国民经济中需要优先发展的产业和需要抑制发展的部门。因此，产业政策对投资项目建设具有指导作用，引导投资者把资金投向政府鼓励发展的产业。分析水上乐园项目建设的必要性，就需要深入研究国家同时期的产业政策，并把项目建设与产业政策的要求进行对比分析。

3. 项目建设是否符合区域经济的需要

区域经济是指生产力最佳配置的要求，选择最适宜的地理位置和最佳的组合形式安排投资建设的经济布局形式。由于不同地区的产业之间具有一定的关联效应，因而存在着区域经济布局的问题，合理的经济布局能够减少运输费用和生产成本，可以有效利用各种公共资源，加快相关信息的传递，以同样的投资取得较好的经济效益，科学的区域经济布局能够协调整个国民经济的发展。对于一个水上乐园项目的策划，考虑区域经济的布局，才能融入社会经济发展大潮中。

4. 项目产品是否符合市场的需求

投资项目所生产的产品是不是为社会所需要，从根本上决定了投资项目能否取得良好的经济效益，也就决定了投资项目是不是有必要建设。市场的变化必然引起生产产品结构的变化，同时也会引起投资热点的变化。只有把资金投向适应市场需要的产品生产，项目投资才具有必要性。如果处于短缺经济状态，产品短缺程度越大，项目建设必要性就越强。评估人员要透过市场的变化，研究调查项目投产后生产的产品是否符合市场的要求。

5. 项目建设是否能取得良好的社会、经济、政治效益

项目能否取得较好的社会效益、经济效益和环境效益，而且达到三个效益的统一，也是需要考察的一个重要因素。对于生产型的项目，没有经济效益也就没有经济源泉，那么项目建设就没有必要了，也没有投资建设的可能性了。效益是项目建设的根本所在，没有效益的项目就失去了立足之本。

6. 项目建设是否符合银行的贷款政策

不同时期有不同的信贷政策，项目的建设除了需要符合国家产业政策外，还要考虑中国人民银行的信贷政策规定和政策指导范围，如果发放有违人民银行信贷政策规定的贷款，会受到人民银行的处罚。此外还要考虑

贷款行的信贷政策导向和信贷资金供求实际情况，合理选择拟建项目。

7. 项目建设是否符合企业发展的要求

一个企业的发展有各种途径，包括改变产品结构、扩大生产能力、拓宽经营范围等。无论选择哪种途径，一般都离不开投资。对拟建项目进行评估，评估人员首先要了解企业的发展规划和要求，把企业的发展与国家的发展规划和地区或部门发展规划结合起来分析，判断企业的发展是否与大环境相吻合；然后把项目投资与企业发展规划和要求结合起来进行分析，看其是否符合；如果符合要求，则认为项目建设是必要的。

8. 项目建设是否能将科研成果转化为社会生产力

21世纪是科技进步的时代，科学技术的新现象、新特点带来了生产力和经济增长的新趋势。科学技术进步已成为生产发展的主导因素，科学技术以渗透的方式凝结于生产力的实体要素中，使生产力发生了质的变化。项目的成功与否很大程度上在于是否采用了先进的科学技术。在考察项目建设的必要性时，首先要对项目的科学技术水平进行分析、评估和论证，看其是否有转化为现实生产力的必要性和可能性；如果没有，则认为项目建设是没有必要的。

第三节
肢体主导类休闲体育项目管理案例分析

一、管理方案精选
（一）水域类休闲体育项目管理案例
×××游泳池管理方案

一、游泳池运营管理方案

为保证运营正常，秩序井然，确保游泳者人身安全，活跃社区文化活动，促进与业主间的和谐关系，特制订本方案。

（一）收费标准和管理制度

对周边游泳池的经营进行市场调查，露天经营的游泳池行情价在15元左右。现为方便游泳池月票与业主单次门票分开，费用按以下方式收取。

游泳池月票：月票（小孩：200元/30次，成年人240元/30次）。

1.业主单次门票：

小孩8元/次，成年人10元/次。

2.外来人员门票：

小孩10元/次，成年人15元/次。

3.售票人员严格遵守公司财务的收费管理制度与要求。

4.售票人员每天要与公司财务做好泳池收入款清点工作，如有发现贪污或者挪用公款，公司将按照规定严肃处理。

（二）人员配备和工作规程

1.人员配备：

小区游泳池项目分管负责人1人，救生员6人，泳池卫生管理员1人，负责售票、验票的人员1人，泳池设备管理人员1人。

2.开放前工作内容和要求：

（1）清理泳池池底沉淀物及水面漂浮物。

（2）抽查水质、测量水的pH并按要求处理好。

（3）检查泳池的环境卫生。

（4）准备好需用物品、救生物品。

（5）检查设施、设备的运作情况。

3.开放中的工作：

（1）由专人统一售票，售票员须经常与救生员保持联系，控制好泳池人数。

（2）验票工作：严格控制带有各种病症者和酗酒者入场游泳。

（3）验票员须提示游泳者游泳规则：先淋浴，后下泳池，保管好自己的物品。

（4）救生员需密切注意游泳者的动向、动态，发现溺水或可疑情况及时采取措施，以最快速度进行抢救。

（5）勤巡勤扫，保持泳池的环境清洁卫生。

4.泳池关闭后的工作：

（1）清场。

（2）救生员负责泳池周边及更衣室的清查工作，检查是否有客人遗留物品及开关是否关好。

（3）清洁泳池内外环境卫生，检测泳池水质情况，填写水质检查记录表。

（4）根据实际情况及要求，对泳池进行投药及消毒、洁净，并做好药物投放记录。

（5）检查泳池设备的运作情况，根据实际需要开、关相关的开关。

（6）关、锁好门窗，把钥匙交到指定地点。

（三）员工的岗位职责

1.卫生管理员岗位职责：

（1）合理安排卫生清理时间，保证游泳池的正常开放。

（2）每天必须坚持对泳池更衣室进行卫生清理，做好开场前的准备工作，以便按时开放游泳池。

（3）每场泳池开放前后，卫生管理员都必须在现场进行卫生跟踪处理，泳池散场关闭后，必须做好清场检查工作。

（4）值班期间，不允许与他人闲聊，不允许擅离岗位，不允许做与工作无关的其他事情，有事通知值班领导尽快处理。

（5）对游泳者的不文明行为及违反泳池管理规定的行为，要予以规劝或制止。

（6）每天按时、定量投放游泳池的消毒药剂，按时检测游泳池水质卫生标准是否合格，不达标的尽快整改，并每天要记录登记以便接受负责任的检查。

（7）爱护游泳池的各种卫生清理工具，每天都要进行检查、维护，保证游泳池工具的正常使用。

（8）与公司员工要团结互助，接待泳者要态度和蔼，文明值勤。

2. 救生员岗位职责：

（1）保证身体及精神状况良好，保证值班时有良好的工作状态。

（2）值班需提前15分钟进场，上班时佩戴好工作牌，穿好工作服，检查泳池设备和救助工具，检查泳池卫生，做好开场前的准备工作，按时开放游泳池。

（3）游泳池开放期间，救生员的思想要进入高强度的安全警惕状态，要有高度的工作责任心和使命感。

（4）泳池开放期间，协助做好验票、售票工作。

（5）工作期间密切关注泳池内游泳者的状况，发现异常或有求救信号时，应果断迅速采取有效的救助措施。

（6）值班期间，不允许与他人闲聊，不允许擅离岗位，不允许做与工作无关的事情，有事通知值班领导尽快处理。

（7）对游泳者的不文明行为及违反泳池管理规定的行为，要予以规劝或制止。

（8）遇上恶劣天气或其他不利于游泳者安全的特殊情况，要及时安排清场，将游泳池关闭。

（9）积极收集、反馈游泳者对泳池有关安全与卫生的各种意见和建议。

（10）与公司员工要团结互助，接待游泳者要态度和蔼，文明值勤。

二、游泳池日常维护方案

（一）泳池水质的日常维护

我小区的游泳池为室外型，水质极易受到天气、微生物、化学药剂、水源等因素的影响。接下来从防止藻类生长繁殖，控制细菌、病毒污染，保持池水透明洁净，稳定pH及硬度五个角度分析。

1. 防止藻类生长防止，确保水质达标常态化。

（1）藻类的危害。

藻类属于极微小的植物，有上百种不同的类型。藻类能在水中迅速繁殖，首先会消耗水中的二氧化碳，导致pH迅速上升。死亡的藻类会消耗水中的氧气，一天之内就会使清澈的池水成为一潭死水。空气中的孢子、草坪和泥土的冲刷物进入水体会带入藻类，暴雨过后常常会发生这种情况，特别是在水温较高的情况下。

（2）藻类的消除办法。

通常在水中有足够余氯的情况下，藻类的繁殖能够得到有效的抑制。专用的除藻剂硫酸铜结晶极易溶于水，能抑制藻类生长，并使水呈现蓝色。

2. 控制细菌、病毒的污染，确保泳者的人身健康。

（1）细菌、病毒对人体的危害。

泳池水的细菌、病毒很容易传播疾病。超标的大肠杆菌进入人体后易引发肠道疾病，细菌总数超标则容易引起红眼病、流行性结膜炎、中耳炎等。如果身上有伤口进了不干净的泳池，很容易被细菌感染，造成伤口溃疡、皮肤出现红包等症状。

（2）细菌、病毒的处理方法。

为了控制有害的细菌、病毒污染，必须在水中合理投放消毒剂，最常用的消毒剂有溴及其化合物、氯及其化合物。

溴和氯一样能杀灭细菌、病毒和藻类，并能起到氧化作用。用于泳池消毒的是颗粒状的含有溴和氯的甲基化合物。在循环系统中加入这种化合物，进而分解出次溴酸和次氯酸。溴消毒的费用高于氯消毒，因此，次氯酸是主要的消毒剂，它的作用机理：穿透微生物的细胞壁、病毒外壳，破坏其蛋白质和酶系统；通过氧化作用消除水中的有机和无机污染物，因而可以用作泳池的消毒剂。投加次氯酸钙会使水中的钙离子浓度和pH升高，这对于我小区的游泳池是有利的。

3. 保持池水的透明洁净，检测可溶性固体总量（TDS）。

TDS指1升水中有多少克溶解性固体。在池水蒸发或没有加入新鲜补充水的情况下，这些溶解性固体难以被肉眼发现，其导电性会腐蚀泳池的各个组成部分，如水泵、管道、过滤器。其通常以氯化物或硫酸盐的形式存在，长期使用次氯酸钠作为消毒剂会导致氯化物的聚集，定期投加硫酸铝和硫酸氢钠等物质会导致硫酸根浓度升高。周期性的反冲洗和及时补充新鲜水是控制TDS的最好方法。

4. 稳定池水pH，保持水体健康。

pH反映池水中的氢离子浓度。《人工游泳池水质卫生标准》规定的池水pH范围为6.5~6.8，为了水体健康，相关责任人要密切关注这一指标是否达标，采用简单的试纸就可以测出水的pH。为了稳定池水的pH，应当投加专用的稳定剂，使得池水的pH保持在合理范围。

同时要关注一个同pH密切相关的指标：总碱度。总碱度反映了水体pH变化的难易程度。如果总碱度低于80毫克/升，则pH稳定性不够，容易波动；总碱度高于200毫克/升时，pH的稳定性过高，难以进行调节。池水的pH应具有合理的稳定性，即可以调节又不会产生过大的波动，因此，总碱度应保持在合理的范围，此外，高的碱度和高的pH会导致水体混浊并形成沉淀物，过低的碱度会使设备产生腐蚀并引起游泳者身体不适。

每天检测pH，发现问题及时报告调整。

5. 调节好水的硬度，延长泳池使用周期。

水的硬度应当适中，过高会在池壁上出现聚凝体，过低则会侵蚀池壁的砂浆。

硬水是指含有较多可溶性钙、镁化合物的水。硬水的pH相对稳定，但不应该采取提高水硬度的办法稳定pH，软水中的碳酸钙浓度小于50毫克/升或氯化钙浓度小于30毫克/升，软水中的pH很难保持稳定，消毒剂采用次氯酸钙有助于提高水的硬度。

（二）泳池池体的日常维护

游泳池池体在经历一段时间后，会在池底和池壁形成污垢沉淀。我们可以通过一定的化学手段解决水质的维护，达到安全标准，池体的维护则必须要通过专业的设备。

1. 池底吸污机。

池底吸污机又称"水下吸尘器"，是游泳池专用的清洁设备，主要功能是清除游泳池水、水景喷泉等水体里的沉淀物，节约水资源，创建健康的游泳环境。池底吸污机的应用大大减少了游泳池的维护强度，用全自动清洗操作代替了传统的放水刷池和手动吸污带来的巨大投资成本和劳动强度，能迅速清洗游泳池池底和池壁的沉淀物，消除细菌的滋生环境，从而一定程度上减少游泳池换水频率，带来比较直观的经济节能。

池底吸污机每天开放前工作一小时。

2. 浅水捞网。

浅水捞网又称泳池捞叶网、平网，是一种主要用于打扫游泳池内的树叶及其他垃圾的专用工具，主要由伸缩手柄和网兜组成，可重复使用，具有使用方便、安全高效、经济节约等特点。

3. 池刷。

池刷是一种由手柄和毛刷组成的游泳池专用清洁工具，可有效去除附着在泳池池壁、池底的顽固污垢沉淀。根据沉淀附着强度和污垢种类的不同，池刷的选择也不尽相同。市面上常见的有软毛胶刷、硬毛胶刷、钢丝刷等，具有使用方便、高效经济等特点，用于每天开放前做简单清理，换水时彻底清洗一次。

三、游泳池危害健康事故应急预案

为了做好游泳场所危害健康事故应急处理，确保一旦发生群体性游泳场所危害健康事故能及时有效地控制，减轻游泳场所危害健康事故造成的损害，根据《公共场所卫生管理条例》和《公共场所卫生管理条例实施细则》及其他法律法规的有关规定，制订本预案。

（一）预案适用范围

游泳场所发生的游泳场所危害健康事故。

（二）组织架构和工作职责

1. 游泳场所危害健康应急处理小组人员安排。

（1）应急处理组长：×××。

（2）应急处理副组长：×××。

（3）设备应急处理维护负责人：×××。

（4）秩序应急处理负责人：×××。

（5）现场应急处理的卫生管理员：1人。

（6）现场应急处理的救生员：2人。

2. 应急处理小组的主要工作职责。

当游泳场所突发危害健康事故后，现场应急处理成员必须上报应急处理组长，正副组长及相关责任人立即到达现场进行调查处理，相关应急处理的负责人必须服从组长指挥和安排，协助突发事故的简单应急救助，保护事故现场，做出紧急避险措施，控制现场局势及保证客人安全等工作，及时向上级领导报告突发事件及现场情况。

3. 应急电话。

紧急救助电话：（医院）120；

物业服务中心电话：××××××××。

4. 事故处理。

发生游泳池危害健康事故时，管理人员及员工应镇静，不慌乱，及时了解事故发生的地点、时间、发病情况、人数、可能发生原因、已采取措施及发展趋势等内容，并做好详细记录，同时协助卫生监督员和医疗抢救人员做好事故处理和伤员抢救工作，根据情况主要完成下列任务：

（1）暂停导致游泳场所危害健康事故的作业区域，控制事故现场，防止事态扩大，尽量把事故降低到最低限度。

（2）协助医疗卫生机构救治遭受或者可能遭受急性危害的人员。

（3）协助卫生监督员对事故地点进行现场录像、照相、勘验、提取事故有关证据，并陈述当时现场情况，协助卫生监督员尽快查明事故发生的经过、原因、人员受伤情况和程度。

（4）讨论分析事故责任，根据卫生监督机构提出的卫生监督意见书，对事故的责任人追究责任。

（5）以书面形式向上级领导报告，再由公司向地方卫生监督机构汇报该次公共场所事故经过、原因、人员伤亡情况、内部处理情况和整改措施等。

四、各类管理规定

（一）顾客须知

1. 游泳者应自觉购票，保管好自己的私人物品，服从泳池管理员的管理。

2. 严禁患有肝炎、心脏病、皮肤癣、重症沙眼、急性内膜炎、中耳炎、肠道传染病、精神病等疾病的患者和酗酒者进入游泳池游泳。

3. 严禁在游泳池内吸烟、吐痰、大小便，严禁在游泳池内洗物品或乱丢其他物品，严禁将宠物带入池内或游泳池周边卫生场所，不得有污染游泳池水质的行为。

4. 所有游泳者要注意安全，不得将玻璃器皿带入池内，严禁在池内及池周边打闹、嬉戏、大声喧哗，严禁跳水、潜水、攀爬。

5. 身高1.2米以下的儿童游泳须由监护人陪护，否则不得进入游泳池游泳。

6. 所有参泳者必须着干净、不褪色的泳衣、泳裤，不得裸泳。

7. 入池前必须做好准备活动，下水前自觉进行全身沐浴方可下水游泳。

8. 爱护游泳池的设施、设备及公物，如有损坏，照价赔偿，未经许可，严禁动用救生器材。

9. 禁止携带沐浴露、洗发水、香皂、食品、饮料进入游泳池，非游泳者禁止进入游泳池。

10. 严禁在游泳池非开放时间及由非正常渠道进入游泳池，否则发生事故，责任自负。

11. 如果游泳者违反泳池管理规定，或其他不属于我公司责任的行为发生溺水等伤害事故，由游泳者负全责。

（二）泳池更衣室管理规定

1. 更衣室的使用分男女，不得混用。

2. 更衣室的使用时间和游泳池的开放时间一致，其他时间严禁使用。

3. 参泳者游泳前需到更衣室更衣，贵重物品及衣物自行保管，如有丢失自行负责。

4.使用厕所后请自觉冲水，更衣室、沐浴处严禁大小便，严禁随地吐痰、乱丢果皮纸屑，严禁在更衣室吸烟，保持厕所、更衣室卫生清洁。

5.请自觉爱护游泳池的各种设施设备，如有损坏照价赔偿。

6.更衣室及卫生间每天安排专人维护保洁，共同维护和保持更衣室的清洁卫生。

7.请节约用水、用电，不在更衣室清洗个人衣物。

（三）泳池设备管理要求

1.泳池救生设备有救生圈4个、救生杆2根、瞭望塔1个、应急手电2把、广播喇叭1个、急用药箱并配齐常用药品。

2.卫生管理员及救生员要爱护维护泳池设备并进行专人专管，延长设备的使用寿命，由工程部主管负责监督管理工作。

3.每天使用的物品要进行清查盘点，以免物品因保管不善而丢失。

4.如果设备因工作人员的保管不善或使用不当造成丢失或损坏，须按公司要求进行赔偿。

5.要对每天使用的物品和设备进行检查并做好物品使用日志，做到日用日检查，做好物品的管理，降低设备的损耗。

（四）游泳须知

1.入水前按规定清洗身体。

2.游泳前先做些准备活动，剧烈运动后不宜游泳。

3.严禁患有肝炎、心脏病、皮肤癣、重症沙眼、急性内膜炎、中耳炎、肠道传染病、精神病等疾病的患者和酗酒者进入游泳池游泳。

4.严禁在游泳池内吸烟、吐痰、大小便。

5.游泳池、更衣室的通道及卫生设施应保持清洁、无异味并应定期消毒。

6.游泳池在开放时间内，应每日定时补充新水1%，保证池水水质良好的卫生状况。

五、游泳池经营的成本预算

（一）电费（照明+水循环）

（二）员工工资

（三）水费

（四）消毒剂、清洁藻类费用

（五）救生配套设施设备费用

（二）陆地类休闲体育项目管理案例

《×××健身房管理制度》

为促进科学健身，防止造成人员意外伤害，保障设备和器材完好率，提高设备和器材的使用率，×××健身房特制定如下制度。

1.在健身房健身的人员必须遵守有关规章制度，服从管理人员的管理。

2.学习和掌握各种健身器材的使用方法、功能及保养常识，按说明正确使用健身器械，不得违规操作，不得随意玩弄器材，以免造成伤害。

3.进入健身房应注意着装，以运动服、运动鞋、旅游鞋、软底鞋为主。

4.活动前请做热身运动，活动中请勿与他人交谈，以免影响锻炼效果及受伤。

5.如有技术问题请咨询管理人员，切勿自行操作，以免运动伤害。

6.发现器材故障及时通知管理人员，并立即停止操作。

7.未经允许，禁止将健身器材拿(推)到室外或任意挪动，以免损坏或丢失器材。

8.健身房内禁止吸烟，严禁酒后进入健身房进行锻炼。

9.十二岁以下儿童进入健身房，应有成人陪同。

10.健身房仅供本单位人员进入或使用健身器材。

11.如违反以上管理制度，自行进行锻炼者，造成不良后果，责任自负。

（三）空中类休闲体育项目管理案例

×××热气球活动管理方案策划

一、活动目的

1.让兴义市民亲身体验万峰林景区自然景观，为申报中国低空飞行营地项目作铺垫，为申报国家AAAAA级景区做准备，创造最大化关注度，扩大万峰林的影响，提高山地旅游的宣传力度的作用，借助本次新颖、独特、气势恢宏的活动带来的轰动效果，带动贵州乃至全国全世界对万峰林热气球项目极高的期待欲望。

2.热气球作为一种旅游、体育、探险、娱乐项目，不仅为景区带来直接的经济收益，还可以产业链的形式影响其他产业的发展，增加就业机会。我们将抽出此次活动5%的营业额作为关爱基金，发放给本省所有的百岁老人。同时，宣传媒体可以此为切入点，以全新的视角和立体的形式对整个热气球项目进行全方位的宣传和报道，为兴义铸造山地旅游品牌，打造出最响亮的旅游名片。

3.热气球广泛、热情、浪漫的参与和互动会极大提升市民的幸福自豪感，给市民带来一个丰富、浪漫、多彩的春节，为市民平淡的生活带来亮点。政府的介入必将让市民充分感受到政府为民众生活品质的提升所做出的努力，由此快速拉近民众和政府之间的距离，提升信赖感和忠诚度。

二、活动时间

××年2月8日—2月22日（正月初一至十五）

三、活动地点

1.万峰林景区神树跳花广场。

2.万峰林景区将军峰广场。

3.兴义市桔山广场。

四、活动主题

领略自然，俯瞰万亩油菜花——万峰林景区热气球空中之旅。

五、活动参加人员

1.面向兴义市全体市民（需提前预订活动参加券）。

2.新闻媒体：提前通知兴义市当地的新闻媒体。

3.工作人员：事至山水发展公司，兴义市万峰林旅游开发有限公司。

六、活动内容

1.合作方式：与事至山水发展有限公司合作，每家公司投资40万资金，利润两家公司平均分配，由对方公司提出热气球招商方案。

2.活动期间由兴义市万峰林旅游开发有限公司负责热气球每天的保管工作，并租用6辆皮卡车，每辆配5个小工，负责热气球的装卸及运输工作。

3.活动区域分为3个，万峰林景区神树跳花广场放飞1个热气球，万峰林景区将军峰广场放飞3个热气球，兴义市桔山广场放飞2个热气球。

4.热气球的飞行方式采用系留飞行，飞行高度为30~100米，承载人数为1~3人，由热气球专业操纵员带领市民体验飞行。

5.票务销售方案：参加体验飞行的市民需要在活动正式开始之前提前预订活动参加券，并对活动参加券进行限制销售，保证报名的市民都能体验飞行。

6.为维持现场秩序，参加体验活动的市民需本人持活动参加券，依次进行体验飞行，并服从主办方的管理安排。

七、宣传营销

1.前期准备：通过印发宣传单、宣传册等平面宣传，微信、论坛等网络宣传，电台、电视广告等媒体宣传迅速让市民了解本次活动。

2.活动期间：邀请当地媒体记者对每天的热气球活动进行专访，收集图片，专门报道。

八、安全保障

1.大风、大雾都不利于热气球的飞行。按照规定，当天需风速小于6米/秒，能见度大于1.5千米，而且飞行空域内无降水；需30米×30米的平整场地，周围无电线及高大建筑。

2.尽量穿棉质面料的服装和运动鞋，不宜穿裙装、高跟鞋、凉鞋等；为防止灼伤，一定要身着长衣、长裤，佩戴棉质帽子。

3.热气球点火升空时，会于一瞬间喷出高达3~5米的火焰，同时会发出一声类似爆炸声的巨响。所以，体验者在点火时要做好充分的心理准备，抓紧吊篮。

4.高血压、心脏病患者不能进行热气球运动。

九、活动安排

1.每天7：30，工作人员到位，将热气球运送到指定地点，并进行现场布置，检查飞行环境。

2.每天8：30，所有热气球准备到位，工作人员开始检票运营，地面音效组播放音乐。

3.每天17：30，所有热气球安全降落，工作人员整理现场，回收热气球。

二、管理方案案例分析

本节运用SWOT分析法，即从项目优势、劣势、机遇与挑战四个方面，以某健身俱乐部管理为对象进行相关分析。

1. 优势分析

（1）人们对健身运动日益重视

随着媒体的正确引导和国外先进健康理念的引入，我国居民的健康意识与日俱增。在某市，越来越多的人已加入健身行列，加入健身俱乐部已成为一种时尚。例如，许多企业的老板不仅自己注重锻炼，还为企业员工集体办卡健身，保证员工有良好的身体状态，以提高工作效率。可见健身热已逐渐形成，并得到了越来越多的人的认可。

（2）人们生活水平提高，消费结构发生变化

随着某市市民生活水平的不断提高，工作节奏和生活节奏大大加速，大量的脑力劳动导致人们的压力过大，加上营养过剩、体力劳动减少，人们对体育健身及娱乐等方面的需求越来越强烈。收入水平的提高则为居民消费水平的提高和消费结构的改善提供了基础。健身娱乐的消费支出逐年上升，而食物方面的支出比重明显减小，人们愿意花费更多的钱去进行休闲娱乐。去俱乐部健身已不再是多么奢侈的事情，消费者可根据俱乐部的档次、特色，选择适合自己健身的俱乐部。

（3）各健身俱乐部已初具规模，基本满足消费者健身需要

某市健身俱乐部可分为高、中、低三个档次。高档健身俱乐部内部装修豪华、舒适，健身器械先进，指导员水平高，投资费用高，顾客的消费水平也较高。而中低档健身俱乐部的服务项目较多，会员容量大，场地规模大，收费比较合理，能较好地满足普通消费者的多方面需求。健身俱乐部主要分布在人流量较多的商业区和居民区。据调查，坐落在商业区的经营性健身俱乐部约占61.7%，坐落在居民区的经营性健身俱乐部占38.3%，基本处于交通便利的地方，以方便消费者。而且各健身俱乐部器械设施专业，充分考虑到通风、采光布局等因素，完全能够满足消费者健身需求。

（4）经营项目多样化

就目前某市健身俱乐部的规模、场地投资以及所能提供服务的能力来看，经营性健身俱乐部设置主要以器械健身、集体健身操为主，其他服务项目为辅。此外，许多健身俱乐部还增设了剑道、女子SPA等，采取多元化形式满足不同消费者的消费需求。

（5）健身俱乐部个性化服务成为消费热点

目前，某市各健身俱乐部健身服务的消费档次进一步拉大，同一种健身娱乐服务项目在环境、设备、服务人员的专业技术水准等方面都会出现差异化和个性化的发展趋势，以适应消费者对不同档次服务项目多元化的消费需求。目前，国内健身娱乐市场出现的私人教练、户外体验式培训教练等新兴职业就是健身娱乐市场进一步细分的体现。而某市各健身中心多数已具有专业的私人教练，可为会员量身打造适合自己的健身方案，提供个性化服务。许多俱乐部已看到私人教练个性化服务的广阔前景，并将此作为日后发展的重点项目。

2. 劣势分析

（1）某市健身俱乐部规模相对较小

某市各健身俱乐部与北京、上海等地相比规模较小，缺少大品牌健身俱乐部。如在2002年初，The SPA健身俱乐部落户北京CBD商圈，同年5月，美国倍力的合资公司中体倍力健身俱乐部开门迎客。前者隶属于世界知名健身集团——英国FTINESSFRIST集团，在全球拥有250家俱乐部和65万会员，后者作为美国健身业中的老大，在美国、加拿大和欧洲各国拥有430家连锁店和40万会员。此外，还有以经商起家，主打高端健身市场的青鸟，以健身器材制造而经营俱乐部的宝迪沃–英派斯等，亦纷纷挟巨资进入北京市场。相比之下，某市比较缺少大品牌健身俱乐部，且现在许多健身俱乐部规模较小，部分健身俱乐部只具备一个跳操场地，满足不了健身爱好者的需要。

（2）健身俱乐部总体服务意识差

虽然某市许多健身俱乐部纷纷采取特定的营销策略吸引消费者，且主要强调提升会员满意度，但会员投诉率仍然很高，可见某市的经营性健身房在管理与服务水平上还存在着很大的不足。另外，某市健身俱乐部招聘的服务人员大多数是下岗工人和投资者的亲属，从而忽视了服务人员的素质与服务水平。目前，管理人员以及服务人员的素质、职业道德、专业性和对本职工作的热爱程度、服务技巧、服务态度、服务效率都达不到一定的水准。

（3）缺乏专业体育管理人才

体育健身俱乐部的发展依赖于体育市场的繁荣，需要一批懂经营善管理的专门人才及具有一定专业知识的从业人员。与其他经济产业相比，体育产业界的专业经营管理队伍较弱，决策管理人才、经营人才、科技人才和专业服务人才匮乏。从事体育经营管理的人员多缺乏体育经营所必需的专门知识，而本来为数不多的具备专业知识人才又由于种种原因未能涉足这一市场。经营者中一部分是体育专业人才，但由于受高校课程设置的影响，他们缺乏经济、法律等方面的知识。另一部分则既不是体育专业的人才，也不是经济人才。他们缺乏有关健身娱乐方面的专业知识，客观上限制了体育场所的发展。由于经营管理者业务素质不高，因而他们所使用的经营手段普遍比较落后。某市健身俱乐部中，部分管理者不能够看到健身产业的长远发展，只注重业绩的高低，导致俱乐部没有把握住良好的发展方向。而且许多健身指导者专业知识匮乏，对健身基础理论的掌握和教学水平均难以满足健身消费市场的需要，使投资健身俱乐部的成本增大。

（4）健身消费市场开发力度不够

通过调查可以了解到，从事身体锻炼的人都不否认健身、健美锻炼的价值，但其认知成分和感情成分明显高于行为成分，两者有很大差距，甚至出现背离现象。这说明人们参与健身消费的态度还不稳定，不少人还停留在观望与等待的阶段。我国体育一直作为一项公益性事业，体育服务也一直是一种公共产品。人们对体育健身的市场化运营虽然在观念上持赞同态度，但真正需要自己掏钱消费的时候，总还是习惯性选择非营利性场所。而这些人正是健身消费的潜在市场，如不能将其转化为直接参与者，就是对健身市场的浪费。

（5）广告宣传的有效性和针对性较差

许多健身俱乐部在经营活动中不做科学的市场调查，盲目进行广告宣传，过于重视媒体参与的公益活动或利用名人效应宣传自己，承办一些选美大赛，把扩大经营业务的希望寄托在广告宣传上。这样不仅不能正确引导体育消费，而且广告宣传对象的针对性和可接受性差，广告构思缺乏新意，因而达不到预期效果。

3. 机会分析

（1）健身俱乐部的连锁化和多元化经营成为趋势

某市的健身市场日趋激烈，一些在竞争中取得优势的俱乐部脱颖而出，在经营方式上采取连锁经营，以扩大规模降低成本，从规模效益中取得竞争优势。同时，在经营内容上，许多大中型体育健身俱乐部已相应地从一元化经营向多元化经营转变。产品链进一步拓展，体育健身与餐饮、购物、旅游等相关经营内容进一步融合，针对不同人群和不同档次的产品组合、服务组合和营销组合不断出现，以吸引更多消费者。

（2）健身俱乐部被更多开发商看好

需求的增长必然会带动供给的增长，某市健身俱乐部良好的发展前景已被许多开发商看好，正被越来越多的非体育企业纳入其多元化经营战略。非体育企业进军体育健身娱乐市场，一方面增加了健身企业的数量，另一方面也提升了健身企业整体的质量。这一类新增俱乐部依托集团公司，不仅投资规模大，而且管理规范，如某市的派斯菲克就是房地产公司投资创建的，设施高档，项目多元化，吸引着很多消费者加入。

（3）产业结构调整 为健身俱乐部发展提供良好时机

我国经济正逐步向买方市场过渡，有效需求不足，需要新的产业与产品的出现刺激经济增长。健身俱乐部的发展需要体育器材和各种体育用品的生产带动相关产业的发展，可以提供大量就业机会，吸纳大量劳动力，使体育院校的相关学科成为热门专业。所以，各级政府应逐渐认识到俱乐部发展的必要性和重要性，给予高度重视健身俱乐部的发展。

（4）俱乐部的国际化发展使其更加规范化

20世纪末以来，经济全球化和世界多极化的浪潮以及信息技术飞速发展，世界区域化和一体化的进程大大加快。体育健身娱乐业必须面向世界，与国际体育市场接轨，健身俱乐部实现国际化才会有生机和活力。国外健身业的发展已相当成熟，随着先进理念的引入，我们可以从中学到许多好的经营方法和内容，从而使各健身俱乐部在国内发展迅速，同时也更加规范化。

4. 威胁分析

（1）各俱乐部间竞争激烈、出现恶性竞争现象

某市健身俱乐部出现较晚，但发展十分迅速，尤其近两年，竞争异常激烈。但由于某市整体消费水平相对于北京、上海等地较低，各俱乐部为快速吸纳会员相互压价，而且许多俱乐部目光短浅，只看重眼前利益导致恶性竞争出现。另外，许多俱乐部内部同行间也缺乏基本合作意识，无序竞争现象突出。

（2）市场管理法规不规范

在社会主义经济条件下，体育健身娱乐市场的有效运作不仅需要政策保障更需要法律保障。任何经济的运作都不可忽视法律的作用，只有上升到法律法规的高度才能从根本上规范行业间及行业内的行为。而某市健身俱乐部迅速发展壮大的同时，某市市政府没有及时制定出相应的较为完善的管理法规，缺乏明确的行政约束。健身器材的开发、利用还存在脱离市场消费需求的问题，过多模仿欧美成品，一味追求产品结构和外形，而忽略了东方人的生物力学结构，消费者达不到理想的锻炼效果。

（3）健身业理论研究滞后

虽然某市的健身娱乐业已发展迅速，俱乐部已是重要部分，但在社会上还没得到广泛认同，人们只是把它看作是体育创收手段，并没有看到对全市经济的影响。再加上健身俱乐部的出现到兴起仅有短短几年时间，其运作项目、模式等大多照搬国外样式，还未形成特有的产品。所以，在此方面的理论研究较少，相对于其发展速度显得十分滞后，经营者可参考的文字资料有限。

（4）俱乐部经营手段各异，缺乏交流学习

某市许多健身俱乐部经营还处于摸索阶段，没有自己的体系，与其他健身俱乐部间很少交流学习，不仅同样服务价位不统一，服务标准也有很大差异，过大的差异会使消费者认为经营管理不完善。

（5）盲目定位，经营项目失衡

某市健身俱乐部项目设置及市场定位存在着随意性、盲目性。经营项目设置不是建立在科学考察市场基础上，而是凭感觉跟随潮流，以致俱乐部开业后入不敷出，造成亏损或倒闭。各健身俱乐部定位"贵族化"趋势比较突出，投资规模都比较大，而体育健身俱乐部的一个特点就是回收慢，所以其消费价格普遍偏高。而实际上，目前某市多数人对体育消费的承受力明显偏低，并且这一状况在短期内难以有较大改变。所以部分俱乐部不得不关门，损失了大量资金。

第八章

心智主导类休闲体育
项目策划与管理实务

心智主导类休闲体育项目是指相对于肢体主导而言，在整个休闲体育项目体系中，人们以智力运动为主。心智主导类的项目相对较少，但受众较多。本章首先介绍了几个常见的心智主导类休闲体育项目，其次列举了相关的策划方案，最后探讨了如何整体策划与组织编排。

第一节
心智主导类休闲体育项目简介

心智主导类休闲体育项目，包括所有以心理活动为主、以肢体活动为辅且以娱乐休闲为目的活动。本书综合考虑普及性与时尚性，选取象棋、跑得快、围棋、麻将、电竞游戏等五个项目进行简单介绍。

一、象棋

（一）概述

象棋是我国古老的棋戏之一。关于象棋的起源问题，一直是史学界，尤其是棋史研究中争论很大的话题。

有不少研究者认为，象棋的原始形态应当是古代的六博。我国最古老的棋戏，一是六博，二是围棋。前者称博，后者称弈，二者并称博弈。至春秋时代，博弈已成为人们日常游戏的一部分。但是，也有研究认为，现行象棋的雏形应当形成于唐朝。考古发现，唐代象戏的棋盘是8×8黑白相间的棋盘，与现在的国际象棋盘一模一样。

宋代是象棋广泛流行，形制大变革的时代。经过140多年的改革与发展，到北宋末宋徽宗时期，象棋基本定型。期间先后有尹洙的《象戏格》、司马光的《七国象戏》、晁补之的《广象戏图序》等著作问世。北宋通行象棋已有河界、九宫和7个兵种，共34枚棋子（每方各17枚），"将"居九宫之中。到了宋徽宗时期，象棋的形制已与现行象棋毫无差别。此时的象棋对北宋通行象棋略加改革，删去二卒，棋盘缩为纵线九、横线十，将炮移至二、八路，偏、裨合并为士。

元明清时期，象棋继续在民间流行，技术水平不断得以提高，出现了多部总结性的理论专著，如元代洪迈的《棋经记》、明代朱晋帧的《橘中秘》、清代徐芝的《适情雅趣》和王再起的《梅花潜》。这一时期，象棋受到社会各阶层民众喜爱，并涌现了大批著名棋手。

中华人民共和国成立之后，象棋进入了一个崭新的发展阶段。1956年，象棋成为国家体育项目。以后，几乎每年都举行全国性的比赛。1962年，中华全国体育总会的下属组织——中国象棋协会成立，各地相应建立了下属协会机构。多年来，由于群众性象棋活动和比赛的推动，大众象棋棋艺水平提高得很快，优秀棋手不断涌现。

（二）基本知识与基本规则

1. 棋盘

象棋盘是由9条直线和10条横线交叉组成的长方形。这些直线和横线在棋盘上交叉构成90个交叉点，棋子就摆放和活动在这些交叉点上。

中间第5、第6两条横线之间未画竖线的空白地带，称为"河界"，整个棋盘就以"河界"分为相等的两部分。棋盘两端画有"米"字方格的地方叫作"九宫"，是将（帅）的活动场所。

9条直线，红方从右到左依次用中文数字一至九表示，黑方在对面从右到左依次用阿拉伯数字1至9代表。10条横线，红方以红方底线为基准从下到上依次用中文数字一至七表示，黑方则以黑方底线为基准，从上到下依次用阿拉伯教字1至10代表。棋盘上的交叉点就用所在直线和横线的坐标数字来表示。

2. 棋子的构成

象棋的棋子共32枚，分为红黑两组，各16枚。对弈双方各执一组，每组兵种是一样的，各分为7种。

红方：帅（1）、仕（2）、相（2）、车（2）、马（2）、炮（2）、兵（5）

黑方：将（1）、士（2）、象（2）、车（2）、马（2）、炮（2）、

卒（5）。

其中帅与将、仕与士、相与象、兵与卒的作用完全相同，仅仅是为了区分红棋和黑棋。

在所有象棋的兵种当中，车的威力最大，马、炮其次，所以这三个兵种被称为"强子"。士、象相比之下实力较弱，被称为"弱子"。兵的实力虽然最低，但它的价值可以随着位置的变化而变化。

3. 棋子的摆放

棋局开始时，棋子的摆放如图。

4. 棋子的走法

对局时，对局双方各执一色棋子。执红棋的一方先走，执黑棋的一方后走。走棋的任何一方把棋子从一个交叉点挪到另一个空着的交叉点上，或吃掉对方棋子而占领那个交叉点，就算走了一着棋。双方各走一着称为一个回合。这样双方轮流着棋，直到分出胜负或走成和棋为止。各种棋子的走法如下。

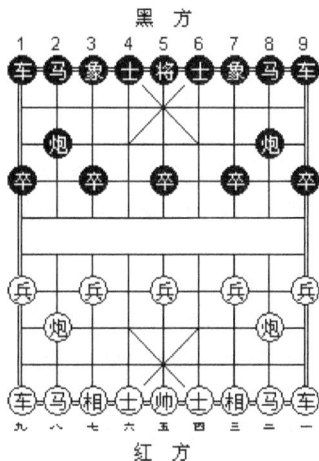

将 / 帅：将只能在"九宫"内移动。每一着只能走一格，前进、后退、横行都可以，但只能走直线。

士 / 仕：士只能在"九宫"内的斜线上走动。每一着只能走一格，进退均可。

象 / 相：象 / 相不能越过河界，每一着可沿对角线斜走两格（俗称"象 / 相走田字"），进退均可。但当田字中心有其他棋子时，不管这个棋子是己方或是对方的，都不能走过去，俗称"塞象眼"。

马：马可以在整个棋盘上行走，可进可退。但每一着都必须走一直（或一横）一斜，即沿"日"字形的对角线走（俗称"马走日字"）。如果在马的直行线上有与"马"紧邻的其他棋子，不管这个棋子是己方或是对方的，马都不能跳过去，俗称"蹩马腿"。

车：车可以在整个棋盘上行走。每一着可沿直线或横线随意走动，进、退、横走均可，格数不限，但是不能越过其他棋子跳着走。

炮：炮可以在整个棋盘上行走。不吃子时与军的走法完全相同。

兵/卒：兵/卒没过"河界"之前，每一着只许向前直走一格，过"河界"后，每一着可以向前直走一格，也可以向左右横走一格，但都不能后退。

5. 吃子的方法

一方行/走棋时，如果己方棋子落棋的位置上有对方棋子存在，便可以把对方棋子吃掉而占领那个位置。炮是个例外，炮在吃子时必须跳过一个棋子（己方或对方的）才能吃掉对方的一个棋子，俗称"炮隔山打"。

双方的将/帅是不可以被吃掉的，将/帅被吃掉就意味着终局了。所以双方除将/帅外，在对局过程中，其他任何棋子都可以听任对方吃掉。

6. 将军与终局

象棋以双方将/帅的存亡为胜负的标志，双方对局的目的就是最终要捉住或吃掉对方的将/帅。当某一方的任何一个棋子攻击对方，且下一着棋要吃掉它时，称为"将军"。此时，被"将军"的一方必须设法采取一切手段来化解掉这个危险状态，这叫作"应将"或"解将"。应将的方法有三种：

第一，把将/帅走到不受对方棋子攻击的格子上去。

第二，吃掉对方进行"将军"的棋子。

第三，按照行棋规则，用己方的任何一个棋子放在必要的位置上，以起到掩护自己将/帅的作用。

象棋的终局有两种情况：一是分出了胜负，二是双方和棋。一方如果"将军"而对方无法应将——被将死，或逼迫对方各个棋子无路可走，就算取胜，对方输棋。如果双方都不能取胜则称为和棋。

二、跑得快

（一）概述

跑得快是一种棋牌游戏，是一种常见的扑克牌玩法。一副扑克牌共54张，分为正牌与副牌。其中正牌共52张，分4种花色，分别是黑桃、红桃、方角、梅花，每种花色13张。副牌2张，分别为大王、小王。跑得快也称为"关牌"，该游戏的目标是想方设法地将自己手中的牌尽快打出去。谁先把手中的牌出完，谁为胜，其余对手此时得负分。各地规则略有不同，本书以湖南长沙地区跑得快为例。

（二）基本知识

1. 牌具

16张玩法使用48张牌，扣除两张王牌，3个2，一个A。

15张玩法使用45张牌，扣除两张王牌，3个2，3个A，一个K。

2. 基本规则

玩家3人对打，各自为战，先出完的玩家获胜，遵循有大必出，放走包赔的原则，只比较点数大小，不比较花色。

3. 出牌过程

每局随机翻取1张明牌，拿到明牌的玩家先出，所出牌型正确即可。游戏者依次轮流出牌，后一家打出的牌必须比前一家打出的牌大，有大必出。如果一轮之中其他游戏者都"要不起"，则最后一次出牌者继续出牌。重复直到某个游戏者手中牌全部出完。

4. 牌的大小

本游戏的牌点由大到小排列为：2、A、K、Q、J、10、9、8、7、6、5、4、3。

2只能单出，单张、对、连对、三带二、飞机带翅膀、顺子、炸弹等牌型，只能根据牌点确定大小，但要求出牌的数量必须相同。

最后一手牌可以三带一或者不带，飞机以此类推。

5. 牌型介绍

单张：可以是手中的任意一张牌。

对：2张牌点相同的牌，两张牌的花色可以不同。

连对：两对或两对以上相连的牌，如5566。

三带二：3张牌点相同的牌，带2张杂牌，如55566、55567。

飞机带翅膀：2个或2个以上相连的3张同牌，如5556667788、QQQKKK8899。

顺子：5张或5张以上牌点连续的牌。如3456789、10JQKA。

炸弹：4张或4张以上牌点相同的牌，如6666、8888。

（三）游戏特色

第一，游戏共有48张牌，除去大王，小王，红桃2，草花2，方片2，黑桃A，每人16张，先出完牌的玩家获胜。

第二，每局获得明牌的玩家先行出牌，可以出任意符合规则的牌型。出牌过程中有大过上家的牌则必须出，不能过牌。

第三，下家报单时，如果要出单张，则出最大的单张，如果出了手中较小的单张使报单玩家赢了，则包赔另一玩家所输掉的游戏币。

第四，除炸弹可以炸任何牌型，其余不同牌型互不相压，同种牌型比较点数大小，相同牌型则出牌数量必须一致。

三、围棋

（一）概述

被形象地比喻为黑白世界的中国围棋，是人类历史上最悠久，也是最具奥妙的棋戏之一。明代学者谢肇淛曾说："古今之戏，流传最久远者，莫如围棋。"人们常说的"琴棋书画"四大高雅艺术中的"棋"，指的就是围棋。围棋将科学、艺术和竞技三者融为一体，有着发展智力、培养意志品质和机动灵活的战略战术思想意识的特点，因而几千年来长盛不衰，并逐渐发展成了一种国际性的文化竞技活动。2001年，教育部和国家体育总局发出通知，要求各级学校要有计划、有组织地开展围棋、国际象棋、象棋三项棋类活动，以促进青少年学生个性的塑造和美德的培养，培养学生独立解决问题的思维能力、操作能力，提高学生的文化素养。

关于围棋的起源，虽然历代都有所探索和研究，但一直难有定论。尽管有"尧造围棋，丹朱善之"（《世本·作篇》），或"舜以子商均愚，故作围棋以教之"（《博物志》）等这样的史书记载，但也只能是传说而已，这种传说其实是古人朴素的英雄崇拜心理的反映。

有研究者从围棋自身的特点着手，认为围棋应当是远古军事生活的反映。也就是说，围棋应当是由对军事行动的排演慢慢抽象成的一种游戏。根据围棋子只分黑白而未分等级的特点，马铮认为，这似乎带有原始社会的民主精神，所以围棋很有可能产生于原始社会末期。考古也发现，甘肃永昌鸳鸯池遗址出土的原始社会末期的彩陶罐上绘有纵横各十至十三道的棋盘纹图案。

而有的观点则认为，尧舜时社会生产力低下，创造出具有高度智慧的围棋是难以置信的。围棋跟周易有着密切的联系，其产生应晚于殷商时期。大致在公元前7世纪前后，随着战争的高度复杂化，围棋逐渐失去了军事方面的作用而蜕变为游戏工具。

不管产生于何时，在春秋时代之前，围棋一定经历了漫长的发展与演变过程。春秋末期，围棋已成为人们日常游戏的一部分。《论语·阳货》载："子曰：饱食终日，无所用心，难矣哉！不有博弈者乎？为之，犹贤乎已。"到了战国中期，社会上竟出现了沉迷于围棋而不能自拔的一群闲人，在社会上造成了较大影响，以至世俗一致公认"博弈好饮酒，不顾父母之养"为不孝一罪。这正佐证了围棋在当时已经具有了较强的艺术魅力，而被世俗视为"不孝"的这一大批博弈之徒，实际上就是棋迷。

西汉至东汉初，围棋的发展呈现出衰微之势，而到了东汉后期，围棋开始逐渐升温。这一时期，出现了诸如班固的《弈旨》、马融的《围棋赋》等围棋理论著作。前者是围棋史上久负盛誉的奠基性著作，也是我国现存最早的围棋专论，后者则从兵法的角度系统地论述围棋的义旨。同时，围棋渐为士大夫所重，这是围棋发展成为士人艺术的良好开端。魏晋、南北朝时的围棋正是顺着这一发展趋势走向黄金时代的。

从棋盘形制上看，西汉比较通用的棋盘样式为15×15=225格，到了东汉时期则出现了17×17=289格的棋盘。魏晋前后，围棋盘的形制又一次发生重大变化，出现了与现在的棋局形制完全相同的19道棋盘。甘肃敦煌莫高窟石室发现的北周时期的《棋经》，不仅系统地阐发了早期的棋艺理论，也有"三百六十一道，仿周天之度数"的记载，这说明北周时期19道棋局已较流行，已成为主要的对局用具。

唐宋时期，围棋得到长足发展。明清两代，围棋发展到了一个高峰时期，棋艺水平得到了迅速的提高。不仅出现了众多的流派，而且突破了长期士大夫的垄断，围棋开始在市民阶层中发展起来，并涌现出了一批"里巷小人"的棋手。更重要的是，明清时期涌现出了大量的围棋谱，为围棋的进一步发展提供了理论支撑。

中华人民共和国成立以后，围棋在我国得到了长足的发展。1962年，中国围棋协会正式成立，负责组织各种国际、国内以及群众性围棋比赛。多年来，由于群众性围棋活动和比赛的推动，围棋棋艺水平提高得很快，优秀棋手不断涌现。

（二）棋盘

围棋棋盘由纵横各19条等距离、垂直交叉的平行线组成，共构成19×19=361个交叉点（简称为"点"）。棋子落在这些点上，而不是下在格子里。

棋盘面上标有九个黑点，叫作"星"。中央的星叫作"天元"。星的作用就是便于确定盘上交叉点的位置。

（三）棋子

围棋棋子分黑白两色，均为扁圆形。对弈双方各持一色棋子。棋子一般每色各有180枚左右。

（四）**基本规则**

1. 围棋的下法

对局双方各执一色棋子，黑先白后，交替着子。但让子棋则由执白者先着子。每次只能着一子，棋子下在棋盘的点上。

棋子下定后，不得向其他点移动。

轮流下子是双方的权利，但允许任何一方放弃下子权，让对方继续着子。

在本质上，围棋的胜负就是看谁的占"地"面积大。所以，着棋的目的就是多占据一些点（地盘）。对弈双方要围绕地盘的争夺这一中心，展开激烈的智慧和技术的全面较量。

占据盘上的点一般有两种方式：一种是活棋本身占据点，二是利用活棋围住空点。为此目的，可以采取以下措施：

尽可能地保护己方的子不被对方吃掉；

尽可能地多吃掉对方的子；

尽可能地多围一些空点；

尽可能地不让对方围住较多空点。

2. 气与提子

一个棋子在棋盘上，与它直线紧邻的空点是这个棋子的"气"。

棋子直线紧邻的点上，如果有同色棋子存在，它们便相互连接成一个不可分割的整体。它们的"气"也应一并计算。

棋子直线紧邻的点上，如果有对方棋子存在，这口"气"就不复存在。如所有的"气"均为对方所占据，便呈无"气"状态。无气状态的棋子不能在棋盘上存在，就要"提子"。换言之，着棋后，如果对方棋子出现无"气"之子，则着棋一方应立即将这个无"气"之子提出盘外，这就叫"提子"。

3. 禁着点

棋盘上任何一点，己方着棋后，结果使自己的棋子立即呈无气状态，同时又不能提取对方的棋子，这个点，叫作"禁着点"。

棋子下在禁着点，视为着棋无效，应立即将该子从棋盘上拿掉，并弃权一次，轮由对方着棋。

4. 活棋和死棋

凡是对方无法提掉的棋子都是活棋。

凡是不能避免被对方提掉的棋子都是死棋。终局时应将双方的死棋提出盘外。

5. 终局

对局双方一致确认着子完毕，为终局；或对局中，有一方中途认输，为终局。认输就是将两个自己的棋子放在右下角即可。

6. 计算胜负

双方着子完毕的棋局，须通过计算来判定胜负。

一般地，计算多采用数子法。首先，将双方死棋全部提清后，再对一方（黑方或白方）的活棋数（包括活棋围住的点）以子为单位进行计算。双方活棋之间的空点由双方平分，一个点即为一子。

我国的围棋规则规定，以棋盘点（共361个点）的一半，即180又1/2为基数。凡一方活棋与所属空点的总和大于此数者为胜，小于此数者为负，等于此数者为和。

为了抵销黑方先手的有利条件，规定在终局计算胜负时黑方必须向白方贴若干子作为代偿。现在载国所有比赛基本采用黑贴2又3/4子的规定。即数子结果黑棋须超过183又1/4子为胜，不足此数为负。例如，数子结果是黑棋184子，对局结果就是黑胜3/4子。若数子结果是黑棋183子，对局结果就是白胜1/4子。

四、麻将

（一）麻将的起源与历史发展

麻将牌是由明末盛行的马吊牌、纸牌发展演变而来的。而马吊牌又是在我国历史上最古老的娱乐游戏——博戏的基础上发展、派生、演变而成的。

马吊牌是一种纸制的牌，大约形成于明代。马吊牌全副牌有40张，分为十万贯、万贯、索子、文钱四种花色。由四人打，每人先取8张牌，剩余8张放在桌子中间。四人轮流出牌、取牌，出牌以大击小。打马吊牌有庄家、闲家之分。庄无定主，可轮流坐。因而三个闲家合力攻击庄家，使之下庄。

明末清初，由马吊牌又派生出一种叫"纸牌"（也叫默胡牌）的游戏用具。纸牌也是供四人打，开始共有60张，分文钱、索子、万贯三种花色，都是一至九各2张。另有幺头三色（即麻将牌中的中、发、白）各2张。斗纸牌时，四人各先取10张，以后再依次取牌、打牌。3张连在一起的叫一副，有三副加一对牌者为胜。赢牌的称谓叫"和"（音胡，今称之为"胡"）。一家打出牌，两家乃至三家同时告知，以得牌在先者为胜。这些牌目及玩法就很像今天的麻将牌了。

大约到了清末，纸牌增加了东、南、西、北四色风牌和中、发、白三元牌。后来人们发现在玩麻将时常常把牌拿完了也没有人做成牌，感到扫兴。为了弥补这个缺憾，于是又增加了"听用"，可以代替任何牌种。最初的"听用"只增加到两张，后逐渐发展为增加更多的张，直到发展为有"绘"的麻将牌。但由于纸牌的数量增多，在取、舍、组合牌时十分不便，人们从骨牌中受到启发，渐渐改成骨制，把牌立在桌上，打起来就方便了。正宗的麻将牌从此开始。

20世纪20年代初期，麻将牌不仅在亚洲盛行，而且还流行欧美。随着计算机的发展，近年来。有人开发出"麻将软件"，人坐在计算机前，按动键盘，就可同计算机玩起麻将来，其乐无穷。

（二）麻将牌（长沙麻将）

麻将的基本牌共108张，由三种牌组成。

万子牌：从一万至九万，各4张，共36张。

饼（筒）子牌：从一饼至九饼，各4张，共36张。

条（索）子牌：从一条至九条，各4张，共36张（一条刻有一只彩色鸡或一只彩凤凰，俗称幺鸡、幺条或孔雀。其余都是有竹节的图案，刻有几条竹节的图案就称为几条）。

（三）骰子

一副麻将配有两粒骰子，一般叫色子。为正方形，六个面分别刻有1~6个点，1的背面为6，2的背面为5，3的背面为4。它的底色为白色，其中1点和4点为红色，其余为蓝色或黑色，各点着色明显。打牌时，定庄与取牌均用骰子的随机性来防止作弊。

（三）基本规则

打麻将的基本过程包括打牌前的准备和正式打牌。打牌前的准备工作的顺序是定位、定庄、洗牌和码牌、开门、起牌（抓牌）。打牌过程包括理牌、调牌换张（行牌）、胡牌。

1. 定位

麻将是四人同时参加的游戏，游戏开始之前首先要用一种方法决定谁坐哪一方，这就是定位。定位可以有摸风定位和掷色子定位两种方法。摸风定位是把麻将中的东、南、西、北风各取出1张，将正面翻下，洗动以后四人各摸1张，然后各人按摸风名从东门开始，沿逆时针方向，按东、南、西、北的顺序入座。

2. 定庄

每盘首先起牌的门为庄门，俗称庄家。确定庄门为定庄。定庄也主要用摸风定庄和掷色子定庄两种方法。摸风定庄是摸风定位的方法定庄门，摸到东风者即为庄家。

3. 洗牌和码牌

定庄后，把所有的牌面朝下，四个人同时用手将牌向左、右、前、后推动，称为"洗牌"。牌洗匀后，各门按一定的墩（两张牌叠放称为"一墩"）数将牌在本门前排列起来。四人各自在门前码成17墩牌，即称"牌墙"。四道牌墙左右相接称"牌城"。

4. 开门

牌码好以后，在座家开始起牌之前，必须通过掷色子来决定从哪一方的哪一墩开始起牌，此称为开门。

5. 起牌（抓牌）

开门以后，庄家题杠头后两个序位的牌两墩。若杠头为12墩，则庄家从第13墩位起牌，起13、14墩共4张牌。然后，依座次的逆时钟方向依次起下两个墩位的牌。如此循环，每家各起三次，即各起12张牌后，庄家"跳牌"——起一张并跳过一墩再起一张，其他各家再依次各起一张牌。最后庄家共有14张牌，其他各家各有11张牌。

6. 理牌

理牌即整理牌，是指起完牌后，每家根据牌的类型和大小顺序把牌排列好，便于看牌与记牌。

7. 调牌换张（行牌）

这是打牌的主要过程，就是通过不断地抓牌、吃牌、碰牌、杠牌等手段，获取自己有用的牌，打出无用的牌，最终实现胡牌的目的。首先是庄家打第一张牌，剩下的三家可以碰、杠、吃牌。若无碰、杠、吃牌，则按逆时针顺序由庄家下家抓牌，如果无杠牌则再打出一张，依此类推。如果出现了吃、碰、杠，玩家打完牌后，将从该玩家开始，逆时针顺序继续游戏。凡是抓进或吃、碰、开杠后，不胡牌便要打出一张牌。待有人胡牌，本局结束，若无人胡牌，摸完所有牌后游戏正常结束。

8. 胡（和）牌

一家完成了规定的组合形式即胡牌形式，没有一张废牌，将牌面朝上推倒在桌面上，就叫"胡牌"。

如果到了只要再得一张牌就可以胡牌时，称为"听牌"。

听牌后，可以自摸胡牌，也可能是一家打出自己所需要的牌而胡牌。

一盘只能有一位胡牌者。如有一人以上同时表示胡牌时，从打出这张牌的玩家开始，按逆时针方向，顺序在前者为胡牌者。

一副胡了的牌一般为14张，开一杠增加一张牌，则胡牌的张数相应增加，最多可达到18张（由四杠一对组成）。

（四）常用术语

对子：两张相同的牌。

顺子：三张同花色序数相连的牌。

刻（坎）子：三张相同的牌。碰出的为明刻，抓在手中的为暗刻。

杠子：四张相同的牌。

吃：上家打出的牌可以与自己手中的牌组合成顺子，称为"吃牌"。吃牌只能吃上家。

碰：当其他三位玩家所打出的牌能与自己手中的两张牌组合成刻子，称为"碰牌"，碰比吃优先。

杠：分为明杠和暗杠。明杠又分为两类：一类为自己手中已有三张相同牌，此时另外的玩家放出一张该牌，玩家即可选择杠牌，此明杠为对方放杠。另一类为玩家又摸到一张自己已碰过的牌，选择杠后为摸明杠。暗杠是指自己摸得四张（四张全部为玩家摸得）一样的牌后，选择杠后称之为"暗杠"。杠比吃优先。

自摸：自己抓进成胡的牌。

点炮：打出牌后被他人胡牌的行为。

抢杠：玩家摸明杠时，有人正胡其所杠这张牌，即称为"抢杠胡"，简称"抢杠"。

流局：摸完所有牌后都无人胡牌即称为"流局"。

五、电竞游戏

（一）概述

电子游戏始于20世纪60年代末。电子竞技游戏是电子游戏的重要类型之一。有别于普通的电子游戏，电子竞技游戏侧重游戏者与游戏机、游戏者之间的对抗、比赛的特性，以及游戏者对规则的遵守和灵活运用。

电子竞技游戏，简称"电子竞技"，是以信息技术为核心，以软硬件设备为器械，在信息技术营造的虚拟环境中，在统一的竞赛规则下进行的具有对抗性和益智特点的电子游戏活动。电子竞技有两个基本元素：电子和竞技。"电子"是其方式和手段，主要指借助信息技术为核心的各种软硬件以及由其营造的游戏环境，这类似于传统体育运动项目中相应的器材和场地。"竞技"则是其体育的比赛特性。电子竞技的开展须具备的必不可少的基本条件就是统一的竞赛规则，以及在这样的规则保障下进行公平、公开、公正的比赛。电子竞技作为一种益智游戏，可以锻炼和提高参与者的思维能力、反应能力、协调能力、团队精神和毅力，以及对现代信息社会的适应能力，从而促进其全面发展。

（二）电竞游戏的类型

目前电子竞技游戏的种类繁多，如现在国内外开展比较普遍的反恐精英（CS）、星际争霸、魔兽争霸2和FIFA2003，网络上的围棋、象棋、桥牌、四国军棋、麻将、拱猪、斗地主、拖拉机。而可以进入电子竞技运动范畴的主要有三个游戏类型：即时战略（RTS）、第一人称射击游戏（FPS）和体育模拟游戏。这三种类型的游戏所采用的竞技方式：RTS游戏和体育模拟游戏基本上都是在采用一对一的对抗方式，而FPS游戏则是多人组队进行队与队的对抗。

第二节

心智主导类休闲体育项目策划与管理案例

一、心智主导类休闲体育项目策划案例

首届星弈围棋擂台赛

一、主办单位：星弈棋院　星弈棋类俱乐部

二、指导单位：长沙县棋类运动协会

三、竞赛方法：

1.组建星队和弈队，确定主将后由双方主将挑选本队队员，每次仅能选1人。

2.预备报名20~30人，每队10~15人。严格按照棋力高低安排出场。

3.预报名在星弈俱乐部前台，以缴纳报名服务费为确认标准。报名时间即日开始至11月8日止。

4.适用2002年发布的《中国围棋竞赛规则》。

5.参赛队伍及棋手。

星队		弈队	
队员代号	人数（人）	队员代号	人数（人）
主帅	1	主帅	1
副帅	1	副帅	1
大将	5~11	大将	5~11
副先锋	1	副先锋	1
正印先锋	1	正印先锋	1
（特种侦察兵）伺候	1	（特种侦察兵）伺候	1

四、参赛资格与办法

1. **每位参赛棋手有义务担任裁判员、记谱员或大盘讲解员1次以上。**

2. **每位参赛棋手交纳参赛费200元**，用于比赛日费用支出，由星弈棋类俱乐部集中管理使用。

3. 意向报名人员，以缴费为最终确认，参赛总人数满24人，俱乐部对胜队奖励2000元，负队无奖。单方不足12人，俱乐部对获胜队奖励1000元。

五、比赛时间

1. 初定2019年11月11日~12月30日。

2. 原则上每周确定三天为比赛日，可提前或推迟（均提前双方商定）。

3. 每个比赛日进行一轮比赛，原则上确定上午10时、下午2时、晚6时为擂台赛开赛时间，开赛时间确需提前或者推后前发布群公告。

六、比赛地点

1. 全部比赛安排在星弈俱乐部进行。

2. 星沙全民健身中心4楼（星沙大道与北斗路交会处）。

七、擂台赛对局规则

1. 出战次序：第一轮对局由双方伺候出战，胜者即为擂主，次轮由负方正印先锋出场攻擂。依次类推，直至一方主将负，团队成员全灭，比赛即告自行结束。

2. 先后手规则：比赛首轮猜先确定先后手，猜先时，年长一方执若干白子暂不示人，另一方置一颗或两颗黑子于棋盘上，表示猜对方所执白子数为单数或双数，然后先前执若干白子长者公开所执白子数，对方猜中则执黑，反之执白。次轮起依旧双方猜先选择黑白，直至比赛结束。

3. 用时规定：每局棋对局双方各90分钟时间包干，超时判负。

4. 对局在对局室封闭进行，隐智电子棋盘直播。对局时除对局双方棋手外，只允许一名裁判、一名记谱员进入。

八、裁判

1. 每局比赛分别确定一名裁判长、一名裁判员兼记谱员。

2. 可申请安排大盘讲解：如先锋之战、任意棋手连胜两局以后出战的对局、有一方主将出战的对局等焦点对局，俱乐部视赛情安排或邀请知名高手进行大盘讲解。

九、奖励

1. 给予获胜方颁发"2019星沙围棋擂台赛优胜奖"奖杯，奖金1000～2000元；负方奖金0元。

2. 单局获胜奖：每局100元。

3. 连胜奖：连胜3局及以上的，从连胜第3局起，在单局获胜奖外另奖每局100元，连胜达到5局及以上的，从连胜第5局起，在单局获胜奖外另奖每局200元。

4. 终结比赛奖：在副帅前有大将出战对方副帅并获胜，在单局获胜奖、连胜奖以外另奖500元，大将擒下对方主帅重奖1000元。

十、组织与后勤保障

1. 比赛由组委会组织，组委会组成人员由双方推举。

2. 星弈棋类俱乐部成立比赛协调小组，负责比赛参赛棋手选拔、组织、协调、后勤、服务工作。

3. 每个比赛日双方均应按时派出参赛棋手，主帅副帅有义务派出本方队友现场督战并协调解决参赛运动员相关问题，组织本队队友关注支持本次擂台赛，参与讲解，心理疏导。有问题可及时与协调小组沟通。支持后援人员观战。

十一、经费来源

1. 星弈俱乐部赞助2000元，主要用于支付场地和奖杯、裁判费用，补助连胜奖金及总奖励。

2. 会餐、茶水及其他消费费用参赛棋手自费。后援人员费用自理。

3. 周小波教授个人定向赞助2000元给双方主帅。欢迎有实力的棋友参与冠名及赞助。

4. 主场方协调长沙县棋类运动协会及政府相关部门予以补助，赞助费用用于提升棋手及裁判、工作人员福利，解决参赛棋手比赛期间实际费用及困难。

十二、赛制

1. 初步确定星队和弈队，两边出场人数相同。

2. 报名确认后由双方主帅轮流挑选队友。

3. 出场次序严格按棋力高低，实力接近或借鉴彩棋盘口及胜率等区分上场先后位置！

其他未尽事宜，主办方另行商榷公示。

二、心智主导类休闲体育项目管理方案案例

棋社章程

第一章 总纲

棋社是棋类爱好者自发组织的社团，组织上接受社会监督。本社以开发棋类爱好者智力潜能，发扬积极进取精神，锻炼社员的意志为宗旨；丰富棋类爱好者的文化生活，以棋会友，积极推动棋类运动的发展，提高棋类竞技水平。社团开展活动国家法纪法规的各项规章制度，并且积极配合其他社团开展活动。本社的成立为广大棋类爱好者提供一个非常便利的以棋会友、切磋技艺、展示自我的平台。

第二章 业务

本社团的业务范围：中国象棋、五子棋、跳棋、围棋、军棋。

第三章 会员

1. 承认棋社章程，有一定的策划能力、宣传能力、棋类竞技基础的棋类爱好者均可申请加入本社。

2. 加入方式：本人提出申请，本社理事会审查批准同意（在各级以上的棋类赛事活动中获得前三名可直接进入）。

3. 会员的义务：交纳会费，遵纪守法，遵守本社章程，积极参加各项活动，按时参加例会、积极维护本社团的形象和声誉。

4. 会员的权利：有权参加本社团的各项活动，有权提出合理化建议和倡议，有社长、部长等机构人员的选举权和被选举权，有权提出处分或撤除不

称职的负责人，棋社任何负责人都无权剥夺会员的以上权利。

5. 会员申请、经本社理事会批准即可缴费入会，会费定为每人每学年××元。会员由于不遵守本社章程被开除出本社的，已交纳的会费不予退回。

6. 会员参加活动要爱护场地设施，保持文明，举止端正。

7. 会员做有损本社利益和本社荣誉的行为或违反棋社章程，劝其退社。

第四章　组织机构

理事会：本社最高常设机构，定期召开会议，商讨本社的重大活动和动态，并且提出合理化的建议和改进措施，修改本社的规章制度，选举产生社长、副社长和部长和理事会成员。

理事会下设有宣传部、赛事部和外联部。

第五章　经费

本社经费来自社员，用于支付本社团一切办公用品，支付各项活动的设备、奖品等费用，定期向全体社员公布账目。经费使用前需经办公室审查预算，且需社团领导的批准同意。经费使用情况接受本社团的监督。

第六章　理事会职责

1. 负责收集社团内以及社团外与社团有关的信息。

2. 配合各部完善社团章程，健全内部机制，明确部门责任。

3. 搞好和维护社团形象，积极对外弘扬社团形象。

4. 积极吸收新知识，定时对宣传部对外活动的方针政策进行改进，更好地为赛事宣传工作打好基础。

第七章　社长职责

1. 主持和召开会议，组织、分配、检查各部门工作，协调部门间的关系。

2. 督促社团不断完善章程、健全内部机制和明确各部门职责。

3. 定期向社团汇报工作，保持与各社团的交流联系。

4. 采纳各部门的意见和建议，及时帮助解决实际问题，改进社团的不足。

第八章 副社长职责

1. 协助社长主持社团工作和社团会议，召集社团全体成员开会。

2. 积极与社长商议社团各方面事宜，对各部门工作进行监督和指导。

3. 了解各部门成员的意见和建议，及时解决问题。

4. 社长不在时，由副社长全面负责社团工作。

第九章 外联部职责

1. 负责组织棋社的交流、学习活动。

2. 负责组织棋社的学习参观活动。

3. 积极同棋社有关方面的单位进行联系。

4. 负责及接收外界有关于本社团的一切活动和意见。

5. 负责建立和完善社团公共关系网络，建立相关的资料表。

6. 负责与公共关系网络表中的各友好人士保持联系，为社团发展收集信息。

7. 负责协助棋社开展职责工作。

8. 负责宣传棋社优秀的文化，打造协会品牌。

第十章 宣传部职责

1. 负责策划实施一切对外活动，起草社团的一切文件。

2. 搞好一切对内对外的宣传工作，提高社团的知名度。

3. 负责收集棋社以及棋社外与棋社有关的信息。

4. 负责张贴本社团的一切文件及相关赛事的通知。

5. 积极与赛事部搞好配合，做好宣传工作。

6. 积极配合棋社做好理论学习的宣传。

7. 负责完善"棋社"网站。

8. 积极吸收新知识，定时对宣传部的对外活动的方针政进行改进，更好地为赛事宣传工作打好基础。

9. 宣传坚持做到理论结合实际，逐渐形成自身理论与自身发展理念，不断培养棋社会员的创新才能。

第十一章 赛事部职责

1. 遵守本社团的章程，积极参加社团组织的一切活动。

2. 准备和完善社团的内部棋类档案资料。

3. 准备与本社团有关的一切棋类的信息。

4. 比赛期间遵守各项棋规，配合棋类活动的顺利进行。

5. 组织开展赛事活动，有专人负责，严格执行比赛规则。

6. 积极组织会员参加各项赛事活动，为会员提供实践和锻炼机会。

7. 比赛要做到公正、公平、公开，保障赛事顺利进行。

8. 监督、督促社团的活动，保证参与的人数。

9. 负责接待外界有关社团的来访。

第十二章 规章制度

1. 出勤率：累计三次不参与棋社展开的各项活动者，取消其会员资格，迟到30分钟以上按半次未参与活动计算。对出勤率100%以及无迟到现象的会员给予一定的物质奖励。

2. 棋社值班人员不得无故缺席，如有特殊情况，事先向社长请假。

3. 本社团的成员必须品行端正、学习良好且具有较强的责任心，服从社团安排分配，不得以任何形式的言语和活动损害本社团的荣誉和形象。

4. 必须严格遵守棋社的各项规章制度，坚持和拥护其正常运行，受到处分的取消其会员资格。

5. 凡本社团的成员，都有权代表本社团参加各级组织或兄弟棋社间的一切赛事活动。

6. 本社团下设宣传部、赛事部、外联部，每部设部长一名，负责管理该部的主要事物及组织安排赛事活动。

7. 各类比赛裁判由本社团成员担任，也可从团外邀请，但裁判必须了解比赛规则且公平、公正。

8. 在棋社内部严重违纪者，自动脱离本社。

9. 人事安排必须由社长、副社长、部长一致同意方可认同，否则无效。

第三节

心智类休闲体育项目整体策划与编排

一、休闲体育项目整体策划

前文所述，依据休闲体育项目的发力方式不一样，休闲体育项目可以分成两大部分：一是肢体主导类，二是心智主导类。为达到举一反三的目的，本节以前文提到的星弈围棋擂台赛为例，对心智主导类的休闲体育项目策划的流程进行阐述。

（一）确定项目名称

一个休闲体育项目不管是公益性的还是非公益性的，它的策划一般都源于一个部门或个人的指令，如政府部门领导、公司领导。策划者接到这一指令后，首先就要对接好自己的指令上级，弄清本次项目的目的与意义，然后分析一个这个项目所涉及的对象，最后综合上级要求、项目的目的、参与对象等，拟定一个项目名称。项目名称必须简单明了且指向精准。项目名称初步拟定后，要向上级主管汇报，经上级同意后将项目名称确定。

比如，星弈俱乐部是长沙县一家非营利性的棋类俱乐部，本次围棋擂台赛的主要目的就是宣传俱乐部，扩大俱乐部影响，从而助力于棋类活动的推广与发展。擂台赛这一名称主要借鉴中日韩围棋擂台赛、武术擂台赛等项目。经俱乐部主要负责人商讨，最终确定本次活动名称为首届星弈围棋擂台赛。

（二）成立项目机构

一般而言，项目名称确定后，就要立即成立项目机构，根据项目大小进行机构设置与分工，并明确各部门的职责，这样才能确保接下来的策划有序推进，不至于策划者在策划过程中因遇到问题不能及时反馈，以致策划进展慢或者策划失败。当项目规模不大时，这种机构设置很多时候是口头约定，进行简单的人员分工。从性质上分至少有三个方面的部门：一是竞赛部门，负责提供活动规则的解释等；二是宣传部门，负责项目的设计及宣传；三是后勤部门，负责活动的经费与物资保障。如果项目规模较大，很多时候会寻求合作单位，也就是将项目设计外包给专门的策划公司进行。

比如，首届星弈围棋擂台赛因为是针对星弈俱乐部会员开展的比赛，考虑到参赛人员不多，所以，俱乐部几个主要负责人经商议，口头进行了相关工作的分工，大体上相当于分了三个部门。其中策划方面的事由王总负责，竞赛方面的规则由陈总负责，后勤方面的保障由李总负责。三个人分工合作，并依据情况，挑选一个会员作为自己部门的办事员。

（三）构思项目策划的框架

在制定具体的策划方案前，策划者需要拟定一个提纲，也就是对方案进行整体的构思。这好比写记述类作文，先理顺一下思路：文章的主题是什么？分几个段落？每个段落的核心是什么？事情的起因、经过与结果是什么？这样会让方案进展更为顺利，更有利于方案的完整性与严密性。

比如，首届星弈围棋擂台赛具体方案制定前，策划者拟定了如下提纲：

拟定项目主题：促进会员交流，推动围棋发展。

市场调研：为策划方案提供数据支撑。

拟定活动规程：这是活动的主体部分，包括时间、地点、竞赛规则等。

策划开幕式与闭幕式：这是活动的重要组成部分，可以很好地助推活动。

活动过程中的管理：管理是保障活动正常进行的必要组成部分，这个也要事先策划。

呈报主管部门审批：这是很多活动必不可少的程序，项目必须要合法合规进行。

经费来源与后勤保障：后勤保障永远是项目顺利开展的坚实基础。

项目的总结与反馈：总结与反馈可以为今后开展工作积累经验。

（四）制定具体活动方案

活动方案指为某一次活动所指定的书面计划，包括具体行动实施办法细则、步骤等，对具体将要进行的活动进行书面的计划，对每个步骤详细分析、研究，以确保活动的顺利圆满进行。可以说，活动方案是项目的主体与核心，是必不可少的一部分。

以首届星弈围棋擂台赛的活动方案为例，方案一般主要包括如下几点：

活动主题：促进会员交流，助力全民健身，助推围棋发展。

主办单位与指导单位：星弈俱乐部、长沙县棋类运动协会。

时间：略。

地点：略。

参赛资格与办法：略。

竞赛规则与办法：略。

奖励办法：略。

经费及后勤保障：略。

（五）呈报主管部门审批

活动方案拟定后，必须取得授权方的审批。如果是上级交办的事务，则向上级汇报，上级组织相关人员讨论并提出修改意见，在达到一致意见后，才形成正式方案。另外，活动的开展要取得相关部门的许可与支持，向相关主管单位书面汇报也是很有必要的。一方面，可以得到政策与经费上的支持，另一方面，相关主管单位也可以获得业务材料，也是对他们工作的支撑。

比如，首届星弈围棋擂台赛的活动方案初稿出来后，便交由俱乐部几个主要负责人讨论，最终确定其中的一些具体事项。形成正式文稿后，书面向长沙县棋类运动协会进行了汇报，得到棋协批复后，方案才能对外发布。

（六）开幕式与闭幕式策划

开幕式与闭幕式已经成为很多项目开展中不可或缺的一部分。究其原因，这些附加的流程可以振奋参会人员的士气，并起到宣传推广的作用。对于棋类项目，开幕式与闭幕式的流程与其他活动有很多共同点，但也有自身的特色。一般来说，这些附加活动都是主题的必要补充，所以开幕式与闭幕式的内容设置都应紧扣棋类活动主题。

比如，首届星弈围棋擂台赛的开幕式活动及流程如下：

时间安排为比赛第一天赛前半小时。

俱乐部安排主持人进行主持。

星弈俱乐部负责人讲话。

象棋表演赛：湖南省象棋大师与爱好者10人车轮战。

长沙市棋协秘书长宣布比赛开始。

首届星弈围棋擂台赛的闭幕式活动及流程如下：

主持人介绍到场嘉宾。

总裁判长宣布本次活动的成绩。

邀请长沙县棋协领导讲话。

颁奖仪式。

（七）宣传与营销策划

为了扩大影响力，应加大宣传力度，广泛利用微信、QQ、海报等渠道进行针对性广告。利用宣传吸引更多爱好者关注本次比赛，从而有利于会员的增加，也有利于俱乐部招收青少年培训学员。

比如，首届星弈围棋擂台赛进行了如下方式的宣传与营销：一是制作美篇，在会员群及学员家长群等相关的群进行消息推送；二是在全民健身中心入口处张贴海报与横幅；三是联系全民健身中心相关商铺拉赞助；四是定制纪念品与奖品；等等。

（八）活动过程管理策划

活动过程是项目的核心与主体部分。项目的顺利开展离不开现场的管理与控制。但这种管理不是随机的，而是事先有计划、事后有组织的一种活动。所以说，在休闲体育项目推动过程中，策划与管理是相互联系的统一体，策划是为管理而策划，管理是依策划而管理。

比如，首届星弈围棋擂台赛活动过程中主要策划的管理活动有：

参赛人员入场的引导管理。

观摩人员的列席、观摩管理。

裁判员与工作人员的协调、沟通管理。

人员离场与赛后场地清洁管理。

参赛人员与观摩人员的饮水与就餐问题管理。

（九）评估方案实施情况

方案评估包括两种情况：第一种是方案实施过程中的现场评估，这种评估的主要目的是为及时解决策划方案在实施过程的突发问题，是对方案的及时修订，这种评估一般是随机的，很多时候是每天或每小节比赛结束后进行。第二种是方案完成后的总结性评估，这种评估的主要目的是总结整套方案的优缺点，为下一次类似活动开展总结经验教训。

比如，首届星弈围棋擂台赛方案评估中主办方策划的活动有：

每个比赛日中午与下午，比赛结束进行裁判与工作人员联席会议。

整个比赛活动结束后，安排工作人员、裁判人员、出席嘉宾等会餐。

餐后安排联席会议，总结整个活动的经验得失，包括时间、时长、人员数量、现场控制等方面的情况，做全面的分析与总结。

二、休闲体育项目编排与组织

如前文所言，管理是策划的必然延伸，好的方案最终还得依靠管理来付诸实施。对于一个项目而言，策划是提供理论支持，而管理则是调控具体的实践运用。本节主要以围棋比赛为例，探讨心智类休闲体育项目的编排与组织。

（一）常用的编排方法

1. 循环赛制

（1）概念与特点

循环赛制（简称循环赛）是指所有参加者（队或人）相互之间轮流进行比赛，最后按照其在循环赛中得分的多少排定名次的方法。循环赛包括单循环赛、双循环赛、分组循环赛等。

循环赛的特点：比赛场次多，能达到互相学习、促进交流的目的，最后排定的名次合理；比赛的时间长，占用场地多，参加者数量多时不宜采用。

（2）注意事项

编排时，参加者比赛顺序的抽签和进入各组的分组抽签应尽量由参加者亲自参加，如由有关人员代为抽签，则要注意公开、公平、公正。抽签结果确定后要尽快通知参加者。

循环赛必须按轮次的顺序逐轮进行。每一轮次的比赛必须全部结束，方可进入下一轮的比赛，这样才能使各参赛队的比赛进度保持一致。不可以在前一轮比赛尚未全部结束前，让下一轮某场次的比赛提前进行。即使因某种特殊原因需要调整比赛，也必须将整个轮次的所有比赛与另一轮次的所有比赛一起对调。否则会造成比赛队休息时间的不均等，还有可能提供一些被利用的"机会"，干扰比赛的结果。

各队在每场比赛结束后应有基本均等的休息时间。不同运动项目的比赛，场与场之间每队最低限度的休息时间是不相同的。编排时应注意保证

	A	B	C	D	得分	名次
A						
B						
C						
D						

各队的间歇时间，尽可能使比赛双方休息的时间相近，以防造成恢复体力时的不均等待遇。

编排时，比赛条件、场馆、观众、时间的安排要统筹兼顾，使各队基本上达到条件均等。在安排比赛秩序时，各轮次都应有势均力敌、精彩激烈的比赛场次，将比赛逐步推向高潮。

2.淘汰赛制

（1）概念与特点

淘汰赛制（简称淘汰赛）是指所有参加者按照排定的顺序进行比赛，胜者进入下一轮，负者退出此赛，直至产生最后一名获胜者（冠军）。淘汰赛包括单淘汰赛、双淘汰赛等。

淘汰赛的特点：可以在较短的时间和较少的场地条件下，安排较多的参加者进行比赛；比赛具有强烈的竞争性，激烈精彩；锻炼的机会少，比赛结果有一定的偶然性。

（2）注意事项

在棋类个人项目的淘汰赛中，由于活动项目和场次多，而且个人赛与团体需要交叉进行，编排时容易出现重场、漏场和连场等问题，因此要注意全面检查，反复核对，杜绝差错。

无论是单淘汰赛或双淘汰赛，比赛都应逐轮进行，以保持比赛进度一致。当遇到有"抢号"场次时，应提早安排；遇到"轮空"场次时，则"轮空"后的一场比赛，可适当推后一些进行，这样可以保证运动员有足够的时间休息。

淘汰赛的比赛程序表同时可以作为比赛日程表和比赛成绩表使用。

3.混合赛制

（1）概念与特点

混合赛制（简称混合赛）是循环赛制与淘汰赛制等在比赛中交叉使用的比赛方法。

混合赛制的特点：综合了循环赛和淘汰赛的优点，弥补了两者的不足；有利于参加者相互交流，最大限度地减少比赛胜负的偶然性；随着比赛的进程，比赛逐渐进入高潮，精彩激烈。

（2）注意事项

混合赛可分为两个阶段或三个阶段进行。休闲体育项目的比赛一般先循环赛，后淘汰赛。

采用先循环赛后淘汰赛时分区和定位的方法：

①在活动规程中明确规定第一阶段各组第1名、第2名在第二阶段比赛时的分区和号码位置，第一阶段比赛结束后，各队按照规程规定对号进入自己的位置。编排时，第一阶段同组的队要按照成绩分别分在上、下半区；每上、下半区和1/4区的参加者实力要接近。

②在活动规程中，不明确规定第一阶段各组第1名、第2名在第二阶段比赛时的分区和号码位置时，组织者要遵循每上、下半区和1/4区的参加者实力接近、第一阶段比赛的第1名、第2名（第3名）合理分布在不同的区、同单位参加者分在不同的区等原则。在第一阶段比赛结束后，进入第二阶段比赛的参加者重新抽签，决定第二阶段比赛时的上、下半区和号码位置。

③当第一阶段所取名次的数目不是2的乘方数时，可以在下一名次中录取成绩最好的队补齐。例如，第一阶段有6组，每组取前2名参加第二阶段比赛的淘汰赛，则只有12支队，这就需要在第3名的队中选取4支成绩好的队，补足为16支队，才可以进行第二阶段的淘汰比赛。补取的方法要在活动规程中写明。

（二）准备工作的组织

1.确定组织方案

（1）活动名称和任务

活动名称和任务应根据活动的内容、性质、时间和规模来确定，同时要结合当时的形势和中心任务。如果有些活动有赞助商赞助，在冠名等方面要考虑到他们的利益。

（2）活动的规模和时间

活动项目的选择及多少决定了活动的规模和时间长短。休闲体育活动一般是在确定活动可用的时间后再选择适宜的活动项目。要根据参加者的职业、年龄大小、活动要求等因素来选择项目，并注意合理分组。

（3）拟订活动的组织机构

拟订和建立活动的组织机构是活动组织工作的重要环节。机构设置要合理、精练，职能划分要明确，要保证活动任务的圆满完成。

活动的组织机构一般采用"组织委员会制"（简称组委会）。组委会是在主办单位的领导下，由各方面代表组成，负责组织和领导活动的全部工作。组委会下设办公室、活动组织、新闻宣传、行政后勤、安全保卫等职能部门。

（4）经费预算

经费预算是执行经费开支的重要依据。各职能机构要根据本部门的需要，本着勤俭节约的精神，对自己的每一项经费开支认真预算，制订经济计划和严格的管理办法。经费预算可以留有一定的余地，以保证活动的顺利进行。

2.制定活动规程

活动规程是根据活动计划制订的有关举行体育活动的具体政策与规定。它是体育活动的指导性文件，也是活动组织者和参加者进行工作和活动的法律性文件。因此，举行任何一项活动，首先必须制定活动规程。

活动规程一般由下面的内容组成，各单位在制定活动规程时可以根据各自的具体情况进行取舍和补充。

（1）活动名称

活动名称根据活动的任务、性质和内容确定。名称要用全称，如××集团趣味运动会、××杯足球赛。在活动的文件、会标及宣传材料等方面，名称要统一。

（2）目的和任务

根据活动的要求，简要说明举办活动的目的和任务，如增强人民体质，普及全民健身运动，交流教学训练工作经验，提高运动水平等。

（3）主办单位和承办、协办单位

主办单位做决定，出资金；承办单位具体执行、管理；协办单位协助、赞助。各单位名称要注明，如××全民健身运动会由××社区主办，由××单位承办；××杯体育舞蹈大赛由××公司主办，由××公司承办，××、××公司协办。

（4）时间和地点

活动时间要明确，要写明开始至结束的年、月、日及举办活动的具体地点。

（5）活动项目和组别

要明确活动设置的项目和组别，如体育舞蹈比赛设有哪些项目、分哪些年龄组及有关的要求。

（6）参加办法

明确参加单位、人数和参加者资格：写明参加活动的单位，规定各单位领队、教练、工作人员人数和运动员人数；规定运动员的参赛资格和标准（如本单位职工、运动成绩）。明确报名、报到时间和报名规定：规定报名的开始与截止时间；规定报到的时间与报到须知。有的活动要明确每项活动可以报几人参加，每人可以参加几项活动等有关规定。有的活动的抽签时间和地点也可以在这里注明。明确服装、器材的要求：规定服装的套数、颜色、号码尺寸；有关器材的规格标准等。

（7）活动（竞赛）办法

明确活动采用的规则：可以根据活动的不同性质、活动的参加者年龄等具体情况采用或制定相适合的规则。明确活动采用的活动制度：如循环赛、淘汰赛，或是混合赛。若分阶段进行，要写清楚各阶段的活动方法和两阶段的衔接办法等。具体的编排原则和方法：如怎样分组，如何确定种子。明确计分方法和确定名次的方法：各种不同活动项目有不同的计分方法；排列名次的方法以及积分相同时如何判定名次的方法；团体总分如何计算等。比赛中违反规定的处罚方法：如弃权的处理、违规的扣分。

（8）录取名次与奖励

规定活动录取名次和奖励的办法：包括团体奖、单项奖、道德风尚奖等的奖励名额和各种奖项的奖励内容（奖杯、奖旗、奖状、奖章及奖金等）。在允许的情况下可多些奖励名额，以鼓励参与。

（9）裁判员

在主办方裁判员不足时，可以要求参加活动单位选派裁判员，并要写明人数、等级及报到时间，学习时间。

（10）其他事项

对有关经费，交通、食宿等问题进行说明。

（11）未尽事宜，另行通知

为了方便今后对活动规程的修改和补充。

（12）规程解释权的归属单位

确定对活动规程如有疑问，由谁来进行解释。

3. 组织编排工作

（1）学习、了解情况

掌握活动规程，完善和学习规则，了解组织活动时间安排、参加单位、形式、项目、组别、活动办法、奖励及计分方法，并要掌握活动的场地器材情况和工作人员、裁判员的人数、水平等情况。同时准备有关用具，绘制各种用表。

（2）检查报名情况，审查报名资格

检查报名是否逾期，检查报名是否符合活动规程的规定。要注意检查有无漏报、错报的情况，一经发现，要尽快与报名单位取得联系，及时给以补报和改正。如报名时间有严格规定，逾期不得补报。对参加者资格若有疑问，及时了解清楚，尽快做出处理，以保证活动的顺利进行。

（3）编排号码对照表，统计各类参加者的人数，填写活动表格和卡片

有些活动需要编排参加者姓名号码对照表的。号码顺序可以按各队报名先后的顺序排定，也可以按组委会规定的顺序排定。不论是组织单项或多项活动，都要做好人数统计工作，为编排工作做准备。同时要按时填写好各种活动表格和卡片，卡片填写好经过核对后，按项目归类，以备编排时用。

（4）编排活动秩序和制定活动日程。

首先，根据活动规程的规定和不同的活动项目及场地器材的情况，计算出活动所需时间。然后，遵循各项活动的编排要求和编排方法，将活动项目和参加者安排到具体位置上，通常采用抽签的方法将参加者定位或分组定位。活动程序编排后，还要确定具体的比赛时间、地点、场次等，并在此基础上制定出活动日程。编排和制定活动日程时，要考虑到参加者活动时间、使用场地的机会均等（如白天、晚上；室内、室外）；要考虑到比赛的密度、强度及休息时间的合理安排；要考虑到比赛活动的精彩程度。

4. 编印程序册

程序册是组织完成一次活动的综合性完整文件。程序册是活动的组织者进行工作的依据，也是参加者参加活动的依据。既是活动的时间表、项目安排表，又是活动的成绩册。程序册要在活动开始前发给参加者。

程序册一般有以下内容：

（1）封面

封面内容包括活动名称、时间、地点、主办单位、承办协办单位、赞助单位等。封面上要印有会徽和"程序册"三个大字。

（2）目录

按顺序排列程序册的所有内容。

（3）活动规程和补充规定

组织和参加活动的指导性文件。

（4）活动组织委员会成员名单和办事机构成员名单；各单项活动委员

会、仲裁委员会成员名单和裁判长、裁判员名单

（5）各参加队名单

按有关规定顺序排列，内容包括名称、领队、教练、医生和全体队员名单。队员名单写明姓名、出生日期、联系方式、身高、体重和参赛项目等。

（6）大会活动日程

包括队员、裁判员报到的时间、训练的时间，组委会会议及联席会议时间和有关抽签的安排，活动安排，活动结束及离开时间，有关注意事项等。

（7）活动（比赛）日程

具体明确各个项目、各场活动（比赛）的时间、地点、参加队、服装要求等。

（8）活动（比赛）成绩表

绘制各种成绩表格，根据活动的结果进行填写。

（9）参加活动的各类人员统计表

（10）活动场地的平面图

5. 检查活动场地和器材

正式活动开始前，必须对活动场地和器材进行细致的检查，对于有安全隐患和不符合活动标准的要及时解决。

6. 组织工作人员和裁判员学习，从思想和技术上做好充分准备

活动前要组织工作人员学习，统一思想，热情服务；组织裁判员学习，统一判罚尺度，保证严肃、认真、公正、准确地执行任务。

7. 召开组委会及联席会议

召开组委会会议或裁判长、领队、教练员联席会议。会议由主办单位汇报活动的组织工作情况，组委会领导讲话；裁判长宣布执行的规则及要求；组织者听取意见和解决有关问题（如更换队员、调整时间和场地）；组织抽签，确定参加者的分组和定位。

（三）项目现场的组织

1. 全局协调，加强控制

休闲体育活动的组织工作是一项综合性工程，组织活动、临场管理、宣传报道、后勤保障、医护保卫等工作缺一不可。组织者要与活动的各个环节保持信息的畅通，掌握最新动态，加强各方面的协调配合，保证对活动全局的控制，一旦发现、出现问题，立刻解决，切实保证比赛的圆满完成。

2. 加强临场管理

临场管理是组织好体育活动的关键环节，它直接影响组织活动的顺利进行。裁判员需要公正执法，运动员需要规范职业道德，工作人员需要服务热情。临场活动中的技术问题、违反体育道德的现象、不负责任的工作态度以及场地器材、饮食卫生、安全保卫中可能出现的隐患和问题都要及时发现，迅速地给予解决。活动组织者要提倡、表彰精神文明，鼓励拼搏进取，同时对违规违法的人或事要坚决、严肃处理，不得徇私，不得延误时间，不得影响比赛。

3. 完成成绩统计工作

很多活动项目都要对其活动的全过程及每个阶段的成绩做出准确的统计和记录，以此作为录取名次和决定结果的依据，同时也便于成绩公告和汇编成绩册。有的项目还要把上一阶段的活动成绩作为下一阶段活动编排分组的依据，必须尽快完成。成绩的统计工作一定要做到准确、快捷。

4. 做好成绩公告

每项活动结束后，各项目活动部门要将该项的成绩尽快送交给大会业务部门，再由大会业务部门将各项成绩汇总，准确快捷地印制、发送当日的成绩公报，使参加活动的单位、队员和群众及时了解活动的进程和结果，以便进行分析研究，宣传报道。

（四）项目结束的组织

1. 排定名次，做好颁奖工作

活动结束前后，业务部门要尽快核对各项活动的成绩，排定名次，交予裁判长在闭幕式上宣布。要根据活动规程的规定提前准备好奖品及奖金，以便在闭幕式进行颁奖。精神文明奖可在活动进行中就开始评选，活动结束前，其评选活动也应结束，和其他奖项同时颁发。

2. 做好总结工作

活动结束以后，有关部门要对活动工作做一个全面、认真的书面总结，肯定成绩，找出不足，提出建议，并将总结上交给主办单位。同时要将活动的各种文件、记录表格、原始成绩等一起归类存档，以便今后查阅和参考。

第九章

休闲体育项目的评估

随着休闲体育活动的广泛开展，休闲体育项目评估的重要性也不断提高。休闲体育项目评估是项目策划成功与否的关键，评估为策划提供了方向与空间。同时，评估的结果将为项目策划与管理提供改进与修正的理论依据。

第一节
休闲体育项目的评估概述

一、休闲体育项目评估的内涵

项目评估作为一种专门对现代经济活动项目进行论证与评估的程序和方法，是在20世纪70年代末期跟随着项目可行性研究等方法引进我国的。国内外对项目评估有许多不同的名称和说法，如项目评价、项目评审、项目审查、项目可行性研究。

项目评估的概念有狭义和广义之分。狭义的项目评估是对项目建设结果进行评价与估量，主要指对于一个项目经济特性的评价和审定，即按照确定的项目目标去权衡项目的经济得失并给出相应结论的一种工作。广义的项目评估是对项目全过程进行跟踪性的评价与估量，包括项目前期的筹划、项目建设中期发展情况以及项目最终结果三个主要部分，主要是指在项目整个过程中所开展的一系列分析与评价活动，包括项目决策阶段对其必要性、技术可行性、经济合理性、环境可行性和运行条件可行性等方面进行的全面系统的分析与论证工作。前期的评估为项目决策提供依据。在项目实施过程中对项目实施情况和未来发展所进行跟踪评估，即项目中评估，目的是对项目实际进展进行监督和跟踪检查。在项目完成以后一段时间里对项目进行项目后评估，目的是检查项目前期决策，调整未来项目决策标准、政策。

二、休闲体育项目评估的意义

前文提到，广义的休闲体育项目评估是全方位的、全过程的，虽然评价形式和方法不一，但其根本目的是一样的，即为休闲体育项目的策划与管理提供理论支撑与保障。概括起来，评估的视角无非三个方面：一是对项目中人的评估，二是对项目中物的评估，三是对项目中活动方式的评估。因此，休闲体育项目评估的意义也就可以从这三个方面来描述。

（一）基于顾客导向的意义

顾客导向是指评估顾客参加休闲体育活动的满意度，收集信息，为休闲体育项目策划者提供精确的数据。这些数据与顾客从休闲体育体验中获得的满意、愉悦或者其他利益的程度相关。

评估顾客参加休闲体育活动行为的变化。休闲体育活动参与者在一起会产生特定的行为变化，或者改变休闲体育活动。休闲体育服务项目的设计通常可以塑造某种价值、态度和行为。评估有助于测量这些预期行为的变化程度。

评估为顾客意见提供了直接的反映机制，使顾客能够将其反馈信息传达给相关组织。这些反馈可以提高组织响应个体顾客的需要、兴趣的速度。此外，还可以提高顾客对休闲体育活动的控制意识、主人意识或者影响意识。

评估鼓励顾客参与评估休闲体育项目，从而能够主动解决其在参加休闲体育活动中存在的问题。参与性评估是一种机制，可以使顾客了解自己的需要，并且鼓励组织采取适当的行动，这种行动常常使顾客通过持续参加休闲体育服务组织的工作而更加喜欢该休闲体育项目。

（二）基于项目导向的意义

项目导向是指评估有助于活动项目策划者与顾客之间互动，对评估休闲体育活动参与者的体验是非常重要的。评估为休闲体育项目策划者提供与有效性相关的反馈信息，有助于提高项目管理的效率。

评估可以提高休闲体育项目策划者对顾客的了解。评估过程可以为项目策划者提供一些信息，这些信息涉及参与者的感觉、对不同体验的反应以及他们的文化、性别、年龄等。

评估能够为项目策划者确定活动项目设计的有效性提供一些信息，项目策划者可以利用这些信息在策划活动项目时改变一些要素。罗斯曼

（Rossman）认为，这些要素包括人们之间的互动、物理环境、目标、规则、关系和活动项目的动态性。比如，为了使参与者顺利进行休闲体育活动，可能要以某种方式改善或者扩大项目的物理环境。这些改变在大多数情况下都旨在对服务的质量方面进行改进。

（三）基于组织导向的意义

组织导向是指评估把活动项目绩效与财务拨款联系起来。评估的一项重要贡献是把项目的绩效与资源的分配联系在一起。其含义是，评估有助于检验休闲体育服务组织是否能够以高效率和高效能的方式提供顾客所预期的活动项目。因此，评估程序可以测量成本以及成本与收益之间的关系。

评估重视比较明确和比较具体的目标。很多休闲体育服务组织都把"提高、改善人们的生活质量"作为主要目的。然而，这种目的却很难测量，评估迫使组织重视可以定义和可以测量的目标。

评估有助于确定活动项目的优先顺序。因为评估可以提供与项目的成本和收益相关的信息，所以可以确定活动项目涉及的因素的优先顺序。这样的信息可以用于政策决策、确定可以接受的利润率和融资决策。

评估有助于控制组织，建立衡量其工作的绩效标准和评价标准。评估可以帮助休闲体育项目策划者确定是否出现了偏差、出现偏差的程度。了解这些信息之后，休闲体育活动策划者就能够采取恰当的行动，以保证绩效达到可以接受的水平。

休闲体育服务项目策划者希望评估过程能够取得积极的成果。每个人都希望别人认可自己的职业活动。没有人希望自己的工作达不到标准或者未能满足顾客的需要、欲望和预期。然而，在职业工作中，提高顾客满意度方面永远有改进的余地。由于从评估中获得的信息可能会使项目策划者改变他们的工作，因此人们常常从消极的角度审视评估。很多评估工作往往停留在管理人员办公室的书架上，因为时间不当、构思不周密，评估的结果很难理解、实施。

三、休闲体育项目评估的目标

项目评估目标是指项目评估所需要达到的目的。项目评估目标的确定是项目评估设计的关键内容，根据项目评估目标确立评估问题，并进而设置项目的指标体系是项目评估的基础工作。此外，评估是为项目决策服务的，评估结果将作为决策参考，因而评估目标应根据决策的需要来设定。休闲体育项目评估的主要内容为判断活动项目是否适合在某一城市举办，即判断活动项目与城市的耦合度，也就是评估休闲体育活动举办者需求的程度和举办可行性的大小。在休闲体育项目评估中，具体评估目标主要包括以下内容。

（一）分析举办休闲体育项目的必要性

项目立项的必要性主要是从价值主体的角度出发，判断项目成果是否满足价值主体需要。对于已经规划的项目，其必要性分析已经在政府规划和计划编制阶段得以论证，不需要再进行分析。而政府规划中未包括的项目，则要对其立项目标的实现价值进行分析。就休闲体育项目而言，政府在规划中一般很少明确提出具体的活动项目。因此，分析举办休闲体育项目的必要性是休闲体育项目评估的一个主要目标。此外，休闲体育项目立项目标并不是直接的产品开发，项目对价值主体（社会公众）需求的满足具有间接性、滞后性和不明确性，对项目必要性评估无法由价值主体做出判断。因此，休闲体育项目的立项必要性须从宏观角度分析，把握休闲体育项目对社会公众的价值，对于活动项目必要性的评估不应只包括体育领域的专家，还应包括其他领域的专家、学者。

（二）分析举办休闲体育项目的可行性

项目的可行性分析就是判断某一项目是否可行。对休闲体育项目举办可行性的分析是休闲体育项目评估中最重要的评估目标。根据休闲体育项目的特点和构成要素，活动项目的可行性分析要明确以下几个问题：一是国家或举办地的政策是否允许该活动项目正常运营；二是举办城市的社会经济基础是否能满足活动项目的要求；三是举办地的各种条件是否能满足项目运行的需要。休闲体育项目可行性分析是一个较为复杂和烦琐的过程，既需要大量的基础数据和资料，又需要一定的专业知识和技能。因此，在活动项目评估中，关于活动项目可行性方面的评估通常由相关专业专家完成。另外一点值得说明的是，我国开展休闲体育活动的实践时间不长，基础资料缺乏，考虑到评估成本等因素，很多可行性方面的评估还是需要借助于主观判断。

第二节

休闲体育项目评估的标准与方法

一、休闲体育项目评估的标准

任何评估都要以一定的标准为依据，没有标准和尺度也就无所谓评估。休闲体育项目评估是评估主体对活动项目与价值主体需要之间的价值关系的评判，在评估过程中要依据一定的标准。评估主体对活动项目要做出正确的价值判断，评估标准选择的正确与否又直接决定着评估活动的成败。马克思在《1844年经济学哲学手稿》中指出："动物只是按照它所属的那个种的尺度和需要来改造，而人却懂得按照任何一个种的尺度来进行生产，并且懂得怎样处处都把内在的尺度运用到对象上去。因此，人也按照美的规律来建造。"评估主体对休闲体育项目的评估活动是一种特殊的认识过程，马克思提出的检验认识的标准也是我们进行休闲体育项目评估的科学标准，它是建立在实践基础上的合目的性、合规律性的统一。

（一）休闲体育项目的评估标准应是合目的性的

所谓合目的性，即活动评估与社会公众及其现实需要相符合的性质。在休闲体育项目的评估中，评估主体必须以"内在尺度"来评判休闲体育项目的必要性，"内在尺度"即社会公众的一定需要和目的。只有与社会公众的利益相一致、满足了价值主体的一定需要和目的，为社会公众所肯定和认同的活动项目，才有举办的必要性或价值（正价值）。而与价值主体的利益、需要和目的相冲突、相排斥，则往往被主体视为没有举办的必要或根本无价值，甚至是负价值。这里需要说明的是，休闲体育项目的价值主体的需要和目的存在着是否具有合理性的问题，只有满足主体合理需要的休闲体育项目才有价值。

（二）休闲体育项目的评估应该是合规律性的

所谓合规律性，即休闲体育项目的评估活动与休闲体育项目的本质和规律相符合的性质。在休闲体育项目的评估中，评估主体还必须以"外在尺度"来评判活动项目举办的可行性。"外在尺度"即举办地的相关条件，它对价值主体的需要和目的起着一定的制约作用，并客观要求评估主体在休闲体育项目的评估中不能仅仅以价值主体的需要和目的作为评估的唯一标准，还应尊重活动项目的本质和规律。评估主体对活动项目的需求必须与休闲体育的本质和规律相符合。例如，举办奥运会、足球世界杯等体育活动项目需要举办城市具备众多经济、社会的先决条件，这是此类活动项目的本质和规律，不能因为需要满足价值主体的需求而违背了这一本质和规律。

（三）休闲体育项目的评估标准应是来源于实践的

这可以从两个方面理解。一方面，休闲体育项目评估的要素都是存在于社会实践之中的。评估主体是现实的、具体的人。价值主体的需要和目的是人们在长期的实践中形成和积累起来的，休闲体育项目的本身是通过人来确定实践活动范围的特殊实践。另一方面，休闲体育项目的价值是在社会实践中实现的。人们在活动运作的具体实践中创造了活动价值，赋予休闲体育项目以价值属性，同时也必须进一步在活动运作实践中实现其价值，使其由"潜在的价值"转变为"现实的价值"。

二、休闲体育项目评估的方法

虽然有很多对休闲体育项目进行评估的方法，但是重要的是要了解收集评估数据的定量方法和定性方法之间的区别。简而言之，定量评估以收集和使用数字计算或者统计为基础。定性数据是指使用文字收集数据，其结果是通过分析确定的模式。不同的情况可能会要求使用某种类型的评估数据。如果定性数据和定量数据的结合对评估有帮助，就可以同时收集和使用定性数据与定量数据。

一般来说，定量评估方法具有如下特点：

*收集数字数据（用数字赋值的方式量化数值）；

*对项目的某个组成部分进行检查；

*以达到目的为导向；

*有效地检查项目的产品（以产品为导向）；

*预定式设计。

采用定量方法时，收集数据应注意：①对休闲体育项目的某个组成部分进行检查（如活动）；②具有预先设计的固定数据收集方法（如与教练、项目和设施有关的反馈信息）；③以达到目的为导向（如有趣和愉快的项目）；④以产品为导向。这主要针对收集休闲体育活动参加者数据。

一般来说，定性评估方法具有如下特点：

*收集文字数据；

*从整体角度检查一个项目；

*以无目的模式为导向；

*有效地检查项目的效能（以过程为导向）；

*即时设计。

采用定性方法时，收集数据应注意：①从整体角度检查整个休闲体育体验（不仅仅是活动本身）；②允许休闲体育活动参加者灵活地写出自己的经历（而不是统一的经历）；③比较无目的性；④以过程为导向。

休闲体育活动评估可以采用很多具体的方法、模式，任何一种方法或者模式的价值或者应用性在于其具有的适应性，而不在于其统一性。目前比较有代表性的方法有五个：①目标评估法；②无目的评估法；③专家判断评估法；④政策分析评估法；⑤满意度评估法。

（一）目标评估法

目标评估法是将教育评估技术应用到休闲体育项目中的一个例子。这种方法的基础是预先确定具有可测量性结果的目的和目标。其目的的概括性越大，具体的结果就越难确定。因此，这种方法重视可以测量到明确结果的具体目标。

目的应是组织或者项目团队对发展方向所做的清晰而概括性的陈述，目的还表明与其使命的关系。下面是一些概括性目的的实例：

*提高体育活动质量；

*改善休闲体育活动举办地的形象；

*为所有人提供休闲体育活动指导；

*为社区的所有居民提供休闲体育项目。

虽然这些概括性的目的是令人羡慕的，但是评估者面临的问题是如何确定是否达到了目的。因此，必须要设定具体的目标，要提供测量的机制，如果完成了这些目标，即达到了目的。

目的达成评估是以测量绩效与目标的一致性为基础的。目标是指可用书面表达方式阐述要取得的结果。撰写目标是一项耗费时间并且严格的工作。如果没有与整体目的相关、具有可测量性的目标，就无法实施这种评估方法。目标的基本因素包括任务描述，由谁承担任务，确定应该采取的行动和条件，明确说明可以接受的、最低水平的任务绩效标准。

目标可以以组织为基础，也可以以绩效为基础。组织目标强调达到组织目的的过程。比如，一个组织的目标可能是招募和培训多样化的员工，以管理一个青年项目，另一个组织的目标可能是为那些没得到服务的人提供服务。绩效目标描述的是参加者或员工要达到既定目标需要展示的绩效。又如，一堂篮球课程的绩效目标可能是：在课程结束时，参加者能够连续罚中10个球。撰写绩效目标和组织目标时，应该牢记需要改进的领域。撰写得清楚的目标，能够提供收集数据的基础和对5P（参加者Participants、人员Personnel、地点Place、政策Policies和项目Projects）进行判断的基础。如果撰写得正确，目标就可以成为评估的标准。

（二）无目的评估法

无目的评估方法有时被称为"黑匣子模式"。虽然这种方法已经存在很多年，但是直到最近才被很多职业工作者用于实践。

这种方法的基础是在不考虑任何目的的情况下，评估一个组织、参加者群体或者项目。也就是说，无目的评估方法的意向是发现和判断实际效果、结果和影响，而不考虑既定的影响。采用这种方法，评估者开始进行评估时不必对可能产生的结果怀有先入之见。这种类型的评估价值在于发现那些可能会产生意料之外副作用的项目。斯克里温（Scriven）认为，如果一项评估的主要目标是评价结果的价值，那么预期的结果和非预期的结果就没有什么区别了。

这种方法收集的数据既可以是定性的，也可以是定量的。采用这种方法，评估者通常会与参加者、工作人员交流，识别活动项目要素，发现问题，构思争议与问题。这些工作完成后，评估者将确定需要收集的定性或定量数据，选择合适的数据收集方法，使用技术把数据和人们关心的问题联系到一起，撰写、提交报告。

这种方法在很大程度上依靠逻辑分析和观察，其主要缺点是耗费时间，而且一些结果可能很难测量。但是，这种方法的优点是可以提供深度信息。

（三）专家判断评估法

有时候，人们会邀请专家或者顾问评估休闲体育项目的某些部分或者整个项目。专家可能会选择使用一些方法进行评估，提出相关的看法和判断。

使用专家判断法的好处是这种方法和结果更具体，而且没有复杂的表格、过程或者数据处理。此外，专家也可能会把其声誉带到评估结果中。这种方法的缺点包括专家的偏见和成见、只是关注项目的一部分而不是全部、缺少合理和可靠的方法、工作具有主观性、成本高。

专家判断通常能够给评估带来新鲜的观点。参加评估的专家可能会从完全不同的角度审视这个项目。

这种方法的一种变异形式是使用标准。标准是公认的或者由专家一致同意的某种理想状况。标准是用书面形式表达的要达到的最低而不是最高的目的。采用职业标准的人假设，如果达到描述的理想状况，项目将会有效。标准在评估中是很有用的，因为能够通过对比进行评估，即把组织中实际发生的事情与某个职业内公认的、可以接受的标准进行比较。

为了使标准有效，标准应该：

*满足目标服务人群的需要；

*经过努力可以达到；

*被休闲体育服务业工作者所接受和使用；

*反映与职业实践相关的最新信息；

*经得住时间的检验（虽然修改，也应该反映不断变化的社会条件）。

使用这种方法的组织通常进行自我评估，根据一个职业团体制定的最低预期或指南进行修改、提高；请外部专家来确认自己是否达到了现行标准。这个用标准进行评估的过程，在该领域中是众所周知的。

用于鉴定的标准通常是参考标准，也就是说，评估绩效依据的是某种标准水平，评估者评价是否达到了标准目标。这种类型的测量方式不用于对各个组织进行比较，只用于检查是否达到了某种预定的绩效水平。

（四）政策分析评估法

政策分析是另一种评估休闲体育项目的方法。为了提供休闲体育服务，组织、机构和企业都发布政策和制度，以指导其工作。实施之前要对政策分析、预测：①如果实施这个政策，会产生什么效果？②如果不实施这个政策，会产生什么效果？这两种不同的行动步骤将显示政策的预期效果。相反，实施之后对政策的分析，可以帮助组织修改政策，以达到预期的效果。政策分析方法重视检查机构的政策，其目的是通过彻底的检查和评估，确定哪些政策应该保留、修改或者废除。

休闲体育服务组织可以采用以下四种政策分析的基本方法。

1. 影响分析

影响分析要确定如果实施一个政策会发生什么社会变化。这种分析方法构建了一个收集和分析数据的系统计划，目的是预测一个项目对社会产生的影响。一个政策可以对个人、机构、社区和社会系统产生经济、政治、社会、文化或者环境影响。

2. 成本／收益分析

成本／收益分析权衡实施一个特定的政策需要投入的资源与预测的政策结果之间的关系，这是构建决策的一个过程，目的是评估替代性方案和选择最佳行动步骤。如果需要在可以达到相同目标的两个项目之间进行选择，成本／收益分析方法尤其适用。

3. 实施分析

实施分析关注与某个政策相关的步骤、方法和实践的可行性。运用这种方法要解决这样的问题：这个机构能够执行这个政策吗？因为制定一个政策并不能保证一个组织有能力去实施这个政策，组织不能实施这个政策的原因是缺少资源，而不是政策有错误。

4. 政策分析

政策分析确定决策者是否接受一个政策。如果决策者不愿意支持一个政策，这个政策就不可能得到实施。因此，这是政策分析的一个重要方面。

在对活动项目或服务进行评估时，常常忽视对政策的审查。这种方法有助于确定组织内现有政策的可行性。这种评估方法在政府组织或者志愿性组织中非常有用，其用途不仅仅局限于这些部门。

（五）满意度的评估法

基于满意度的项目评估方法提供了与参加者对项目与服务满意度相关的具体数据，可以用这些数据从顾客的角度判断项目与服务的价值。这种方法的基本假设是：顾客最能够判断一个具体项目是否能够满足其参加休闲体育活动的需要。罗斯曼认为，参加者提出的休闲体育活动满意度是公认的测量尺度。

可以在休闲体育项目结束之后，通过问卷调查表收集数据，问卷调查表中的问题与一些满意度大小相关。

从基于满意度的问卷调查表中收集的数据，可以从多个方面为评估机构提供帮助：

第一，可以从顾客的角度记录某个活动项目的结果。项目策划者在活动的过程中可能会观察到自认为是顾客满意的行为，而这种方法使项目策划者可以用数据的形式记录观察结果。因此，项目策划者可以用数据来支持自己关于该活动价值的个人判断。

第二，收集的数据可以帮助确定是否达到了活动项目的目的。有时候，概括性目的不能提供具体信息，而这种方法可以提供一些具体的信息，以强化概括性目的。

第三，如果在所有项目中都使用相同的工具进行调查，其数据可以用于比较不同项目领域中的顾客满意度。

比如，要举办一次户外游憩活动，为了保证活动符合尽量多的人的期待，活动项目的满意度评估就显得尤为重要。它包含满意度问卷的设计、问卷的收发与问卷的相关分析三个环节。

①问卷设计。问卷通常是由项目评估者根据项目的场所、设施、休闲体育体验、服善质量、管理财务等要素来设计的，尽量涵盖参加者的各方面需求。

②问卷收发。以抽样的方式确定样本比例，发放问卷，并指导参与者填写，确保问卷回收质量。

③问卷分析。分析参与者对于项目各要素的满意度，同时对比分析类似休闲体育项目总结出的满意度数据，可以与所有的休闲体育项目中总结出的满意度数据进行比较。这种方法可使项目策划者可以从顾客的角度了解项目的优点和缺点，以便进一步提高项目的满意度。

第三节
休闲体育项目评估的内容

一、休闲体育项目评估的内容体系

根据休闲体育项目评估的目标，进行评估时的关键工作是对项目的经济、社会、运行支持和影响等方面进行全面分析，即对休闲体育项目的可行性和必要性进行全面论证。首先是探讨可行性的论证问题。休闲体育活动虽然也是一个较为复杂的系统，却并不像工程项目一样有很多核心的技术环节，更多的是需要运作经验。休闲体育项目可行性评估体系主要包括运行环境评估、财务评估等。其次是探讨必要性的问题。举办地可举办某一休闲体育项目，也就是说，其对举办地是有积极影响的。因此，对休闲体育项目必要性的评估即论证和评估其给举办地带来的积极影响。从现有文献看，三重底线评估法是目前休闲体育项目研究中常用的方法之一，它倡导从经济、社会和环境三个维度来展开分析。在对休闲体育项目必要性进行分析时，可从项目的经济影响、社会影响和环境影响三个方面入手进行评估。最后，在评估休闲体育项目时，不能孤立地论证活动举办的可行性或必要性，需要对其进行全面综合的评估。

因此，休闲体育项目评估的内容体系包括休闲体育项目的运行环境评估、休闲体育项目的经济影响评估、休闲体育项目的社会影响评估、休闲体育项目的环境影响评估以及休闲体育项目的综合评估。

（一）休闲体育项目的运行环境评估

休闲体育项目的运行环境主要是指活动项目运营所面临的各种运行和支持条件。休闲体育项目运行环境不仅对于项目举办的可行性有决定性影响，而且对于经济效益、社会效益有很重要的影响，因此，运行环境的评估十分重要。

运行环境评估是对活动运行所面临的各种环境条件的全面评估，是从休闲体育项目运行条件出发进行的项目可行性分析。休闲体育项目的运行环境评估的主要内容包括休闲体育活动运行的各种资源条件的评估（包括运作团队、运作资金、场馆、媒体、转播技术等方面），这是对各种输入条件的评估；休闲体育项目所面对的市场条件的评估（包括不同市场的需求情况等），这是对项目运行的各种条件的评估；休闲体育项目运行的宏观条件的评估（包括国际和地方的政治法律环境条件、社会文化环境条件等）和竞争环境评估，这是对项目运行所涉及的市场竞争情况的评估。

（二）休闲体育项目的经济影响评估

休闲体育项目的经济影响评估是从举办地的角度出发，对项目的经济影响进行的全面评估。评估的目的一方面是为了选择对举办地经济推动较大的休闲体育项目，另一方面是为了防止举办对投资者或企业有利，但有损举办地社会、经济利益的休闲体育项目。休闲体育项目具有较强的外部性，对举办地经济的拉动作用明显，这也是举办地选择举办休闲体育项目的重要原因之一。实际上，一个休闲体育项目的优劣首先要看该项目对举办地社会发展所作贡献的大小。因此，休闲体育项目的经济影响评估不仅是休闲体育项目评估中最重要的环节之一，而且也是整个休闲体育项目评估的重点。

（三）休闲体育项目的社会影响评估

休闲体育项目的社会影响评估是指对休闲体育项目对举办地产生的影响的分析与评估。休闲体育与城市社会生活诸多领域有着千丝万缕的联系，社会环境对休闲体育的费用、效益也有着或多或少的影响。因此，还要从城市各项社会发展目标出发，分析和评估项目的利弊得失，从而选择举办在社会影响方面可行的休闲体育活动项目。休闲体育活动，尤其是大型休闲体育活动，对举办地的影响面较广，因此，休闲体育项目的社会影响评估包含的内容也较多，具有多目标性和多层次性。其影响既可能是定量的，也可能是定性的。有些影响可能关系不大，有些影响则举足轻重。因此，休闲体育活动的社会影响评估要立足于"突出重点"，结合休闲体育项目的特点，充分重视评估的结果，确定是否举办休闲体育活动。

（四）休闲体育项目的环境影响评估

休闲体育项目的环境影响评估是指在活动项目举办之前，在充分调查研究的基础上分析项目可能给自然环境带来的影响，然后做出全面、科学的预测，从而指导项目的决策与实施工作。一般而言，除了需要大型场馆的大型休闲体育项目，以及滑雪、汽车越野等与自然环境关系较密切的活动项目需要重点考虑其环境影响之外，其他活动项目通常并不一定需要进行休闲体育环境影响评估工作。

（五）休闲体育项目的综合评估

休闲体育项目的综合评估是在上述各专项评估的基础上进行的综合分析，最后提出结论性意见，给决策者提供一个简明直观的判断依据。综合评估形成科学的结论十分重要，其评估的结果直接影响决策。因此，休闲体育项目的综合评估要遵循科学性、客观性、导向性、可行性等原则。综合评估的方法很多，在休闲体育项目的综合评估中，要基于系统分析比较、综合集成原理，按照定性与定量方法相结合、专家与决策者相结合、经验与现代数学方法相结合的原则选择合理的综合评估方法。

总之，休闲体育项目的评估不是一件随意、简单的事情，而是一个主观与客观信息综合集成的复杂过程。

二、休闲体育项目的风险评估

（一）风险评估概述

近年来，随着我国社会、经济的快速发展，越来越多的人选择参加休闲体育活动来提高自己的生活质量。因此，各式各样的休闲体育活动蓬勃发展，参与方式五花八门，各类休闲体育活动而导致的安全事故也是频发。根据中国登山协会发布的报告，2000年以后，我国山难事故整体呈现上升趋势。2001年到2012年，我国登山户外运动遇难人数达298人，而1957年至2000年的44年间，登山等户外运动遇难人数仅为33人。由此可见，休闲体育项目的风险评估显得尤其重要。

休闲体育项目风险管理是指为避免项目发生风险，或将风险发生的损失降到最低所做的一系列工作、过程。一般来说，风险是指在一定条件下和一定时期内可能发生的各种结果的变化程度。在涉及风险问题的研究中，风险的定义大致分为两类：第一类是强调风险的不确定性，第二类是强调风险损失的不确定性。前者可称为广义风险，后者称为狭义风险。风险具有客观性，其大小随时间延续而变化，是"一定时期内"的风险。

休闲体育活动的风险管理在休闲体育活动的策划及风险控制系统中的作用举足轻重，休闲体育活动最终是否顺利开展、结果是否圆满在很大程度上取决于风险管理是否充分发挥其控制预防的功能。要使前期的活动策划在后期顺利运作，需依靠风险管理来抵御潜在的风险或降低风险造成的损失。

影响休闲体育活动成功运作的因素有很多，有工作人员、观众、运动员等主体因素，也有政治、经济、文化等外部环境因素等。

（二）风险分类

按风险来源分类是最常见的风险分类方法，按风险来源划分的休闲体育项目所面临的风险主要有以下三种。

1. 自然风险

自然风险是指由地震、暴雨、流行疾病等不可抗拒的自然因素导致活动的中断、延误或取消。

2. 商业风险

商业风险是指活动主办方在活动商业化运作过程中由于主客观因素的影响而遭受经济利益上的损失。具体来讲，就是由于市场需求量、需求偏好等方面有可能发生不利的变化，而使休闲体育项目的满意度达不到预期的水平。对于大多数项目而言，商业风险是最直接也是最主要的风险。

3. 组织管理风险

组织管理风险是指在活动运作过程中由于组织管理方面的原因导致活动可能中断、延误或取消。

除以上的风险因素外，还有技术风险、政治风险、信用风险、道德风险等因素。每一类风险因素中包含多个因素，对于不同的行为，其风险因素系统各有不同。

（三）风险评估实施

休闲体育项目风险评估是指对休闲体育活动中风险的性质、概率、后果等的综合分析和判断，在风险控制微系统中发挥着巨大的作用。客观的风险评估有助于决策休闲体育活动策划方案。

1. 评估内容

休闲体育活动的风险评估一般应包括以下内容：

资质评估，包括活动组织者的合法性，组织这些活动的经历、能力等；

性质评估，包括活动的内容、规模、时间、地点、参与人员及组织方式等；

场所评估，包括活动预计参加人数与场所的容纳量、场所设施的安全性、场所的周边环境等；

设备评估，包括活动所需设备供给、交通、通讯、应急照明等；

安保评估，包括安保力量的数量、专业水平、应变能力等；

组织管理评估，包括活动方案、应急预案、工作人员的岗位分配等；

气候、日期等的风险评估，如自然灾害、敏感日期；

其他可能的风险因素评估，如活动现场周边的治安、交通秩序。

2. 评估的步骤和方法

评估的步骤和方法直接影响到风险的种类及级别，合适的评估步骤和方法能够客观评价各种风险。风险评估的基本步骤主要包括以下内容：

识别活动潜在的威胁；

评估这些威胁的潜在危害；

预测发生威胁的程度，如可把风险依照程度轻重分为一般风险、较大风险、重大风险、特大风险四个等级；

确定承受风险的能力；

确定风险消减和控制的优先等级。

休闲体育活动风险评估的方法有以下几种：

定量分析法是指对活动风险按一定模式计算相关数据、进行分析评估的方法。

定性分析法是指通过列出活动风险清单，并进行分级，分析技术包括判断、直觉和经验。其优势是简单、评估成本低，不足之处是结果主观、不准确。

定量和定性综合方法是指建立在定性方法上的定量评估方法，客观准确。

三、休闲体育项目的财务评估

（一）休闲体育活动的财务评估的目的

根据项目评估理论，财务评估是指在国家现行财税制度和市场价格体系下，在财务预测的基础上，通过计算项目的财务指标，分析预测项目的财务效益与费用，考察拟建项目的营利能力、偿债能力、外汇效益及财务生存能力，据以判断项目在财务上的可行性。按照上述定义，休闲体育活动的项目的财务评估是指在国家现行财税制度和市场价格体系下，在对休闲体育活动成本、收入预测的基础上，通过计算活动项目的财务指标，分析预测活动项目的财务效益与费用，考察活动项目的营利能力、财务生存能力、债务偿还能力等，据以势断活动项目在财务上的可行性。此外，从财务评估的角度考虑，本书中的研究对象——休闲体育项目与一般工程项目相比有其特殊性，主要表现在：第一，休闲体育话动项目是一种活动，活动结束，活动项目也就基本结束，其收入也就基本停止；第二，休闲体育活动的运营周期相对较短，除了奥运会、世界杯等大型活动外，一般活动的运营周期都不超过两周。休闲体育的上述两个特征使得在休闲体育财务评估中，通常无须考虑资金时间价值，这也使得休闲体育财务评估变得简单。

休闲体育财务评估的根本目的是研究活动项目在财务上的可行性，也就是说，从财务的角度评估活动项目是否有举办的可能性，具体而言：

第一，评估休闲体育活动的财务生存能力。通过考察休闲体育项目筹备和举办期内所产生的各项现金收入和流出，计算净现金流量和累计盈余资金，分析休闲体育项目是否有足够的净现金流量维持正常运营，以实现财务的可持续性。财务的可持续性首先体现在项目运营过程中必须有充足的现金流量，或者说营运资金保持为正值。由于休闲体育项目申办和筹备需要大量的资金，而此时休闲体育项目可能还没有产生收入，因此需要分析所需资金的来源和落实情况。

第二，评估休闲体育活动的营利能力。通过财务评估，评估休闲体育活动的收入是否能够达到预期的水平，是否能够达到收支平衡，是否能够及时地收回投资，是否能够达到一定的投资回报率。

第三，评估休闲体育项目的偿债能力。通过财务评估，分析活动项目运营资金来源是否可靠、资金结构是否合理，确定最佳的资金筹措方案，以保证活动项目顺利运营。

（二）休闲体育活动的财务评估的方法与步骤

休闲体育活动的财务评估是一个定性分析和定量分析相结合的过程，以定量分析为主。其主要是通过对休闲体育项目财务费用和效益的识别，结合一定的预测方法对活动项目财务费用和效益进行预测、分析，再结合活动项目财务报表的编制进行休闲体育活动的财务评估指标的计算，最终通过对这些数据的分析确定休闲体育项目财务可行性。这一过程具体包括以下步骤。

1.活动项目财务数据收集

根据休闲体育活动的财务评估需要，收集相关的活动项目数据和参数。包括国家有关的财务和税收法律法规，休闲体育项目申办、运营成本等方面的财务数据。

2. 休闲体育项目财务数据预测

休闲体育活动的财务评估需通过预测，计算休闲体育项目的成本和收入方面的数据，包括活动运营费用，如餐饮、接待、交通、安保、活动推广费用，以及活动收入，如电视转播权收入、门票收入、广告收入。

3. 编制活动项目财务评估报表

通过对活动项目财务评估报表的编制，将收集和预测的活动项目财务数据进行全面的汇总整理，使这些数据之间形成内在联系。由于休闲体育活动的项目的财务评估相对比较容易，通常情况下，只要编制出现金流量表即可。

4. 全面进行休闲体育项目财务可行性分析

这主要包括运用编制的现金流量表和相关数据计算活动项目各种的财务评估指标，从而分析活动项目的财务可行性。

5. 给出活动项目财务可行性的分析结论

休闲体育项目财务评估最终将根据上述评估的内容编写出财务可行性的报告，它是整个活动可行性报告的一个组成部分。

参考文献

[1] [美]埃金顿，等.休闲项目策划——以服务为中心的利益方法[M].李听，译.重庆：重庆大学出版社，2010.

[2] [美]艾伦.活动策划完全手册[M].北京：旅游教育出版社，2006.

[3] [英]约翰·阿代尔，尼尔·托马斯.团队建设与激励[M].北京：机械工业出版社，2006.

[4] [美]约翰·凯利.走向自由——休闲社会学新论[M].昆明：云南人民出版社，2002.

[5] 白晋湘，刘少英，龙佩林，等.民族传统体育教程[M].长沙：中南工业大学出版社，2000.

[6] 蔡俊五，赵长杰.体育赞助——双赢之策[M].北京：人民体育出版社，2002.

[7] 陈远清.旅游项目开发可行性研究与经济评价实务全书[M].北京：中科多媒体电子出版社，2003.

[8] 高兵.体育活动策划与管理[M].北京：化学工业出版社，2016.

[9] 郭颂，朱国权，刘云.少数民族传统体育[M].北京：北京师范大学出版社，2009.

[10] 国家体育总局.中国麻将竞赛规则（试行）[M].北京：人民体育出版社，1998.

[11] 韩庭卫，武震，戚道祥等.E企业户外拓展训练全书[M].广州：广东经济出版社，2006.

[12]胡立君. 体育营销[M]. 北京：清华大学出版社，2005.

[13]胡小明，胡英清，刘靖南，等. 民族体育[M]. 南宁：广西师范大学出版社，2000.

[14]黄飞宏. 项目管理实战指导[M]. 北京：清华大学出版社，2014.

[15]蒋巍巍. 打造高绩效团队[M]. 北京：中国电力出版社，2010.

[16]李海波，刘学华. 企业管理概论[M]. 上海：立信会计出版社，2005.

[17]李相如，凌平，卢锋休闲体育概论[M]. 北京：高等教育出版社，2011.

[18]李相如. 休闲体育项目概论[M]. 北京：人民体育出版社，2012.

[19]李银平. 高效工程项目管理团队建设与管理研究[D]. 济南：山东大学，2009.

[20]李岳峰，蒋仲君，张鹏. 时尚休闲运动[M]. 北京：高等教育出版社，2007.

[21]林茂春. 体育知识百科全书[M]. 延边：延边人民出版社，2000.

[22]刘德谦，唐兵，宋瑞. 2012年中国休闲发展报告[M]. 北京：社会科学文献出版社，2012.

[23]刘花云. 时尚运动与健康[M]. 长沙：湖南师范大学出版社，2006.

[24]刘惠君. 体育产业环境及其影响分析[J]. 广州体育学院学报，2006，26（1）.

[25]刘嘉龙. 闲活动策划与管理[M]. 上海：格致出版社，2011.

[26]刘武锋. 如何建立高效团队的研究与探索[D]. 南宁：广西大学，2005.

[27]刘晓红，徐玖平. 项目风险管理[M]. 北京：经济管理出版社，2008.

[28]刘勇. 体育市场营销[M]. 北京：高等教育出版社，2007.

[29]柳玉栋. 中国象棋教科书[M]. 北京：华夏出版社，1989.

[30]卢锋，柳伟，舒建平，等. 休闲体育活动的项目设计、策划与管理[M]. 成都：四川大学出版社，2017.

[31]卢锋. 休闲体育学[M]. 北京：人民体育出版社，2005.

[32]卢元镇. 中国体育社会学[M]. 北京：北京体育大学出版社，2000.

[33]鲁嘉. 麻将读本[M]. 北京：人民体育出版社，1997.

[34]马红宇，王斌. 登山、攀岩与野营入门[M]. 南京：江苏科学技术出版社，2001.

[35]牟红，杨梅. 休闲活动策划与管理案例分析[M]. 北京：中国物资出版社，2011.

[36]庞明，王天越. 体育旅游[M]. 长春：吉林出版集团有限责任公司，2008.

[37]戚安邦. 项目管理学[M]. 天津：南开大学出版社，2003.

[38]钱永健. 素质拓展训练[M]. 北京：企业管理出版社，2006.

[39]佘淼. 2003年国外垂钓运动发展方向[J]. 钓鱼，2004（3）.

[40]索鸿江. 滑翔伞运动与气象[J]. 河南气象，1998（3）：47.

[41]王述舜. 围棋基础教程——入门篇[M]. 沈阳：辽宁教育出版社，1989.

[42]王伟，胡刚. 活动创造价值[M]. 长沙：湖南科学技术出版社，2010.

[43]王兮，侯安继. 现代休闲方式[M]. 武昌：武汉大学出版社，2002.

[44]温传明. 活动策划与组织实施[M]. 北京：东方出版社，2016.

[45]闻兰. 户外运动[M]. 北京：高等教育出版社，2005.

[46]吴维库. 领导学[M]. 北京：高等教育出版社，2006.

[47]吴英诚. 滑翔伞飞行[M]. 北京：人民体育出版社，2002.

[48]吴志刚. 攀岩[M]. 广州：广东旅游出版社，2004.

[49]伍鹏. 休闲活动策划与管理[M]. 北京：清华大学出版社，2013.

[50]徐宁. 项目管理实务教程[M]. 兰州：兰州大学出版社，2014.

[51]颜明健. 管理学原理[M]. 厦门：厦门大学出版社，2014.

[52]杨加玲. 从系统论视角审视休闲体育活动的策划与风险管理[J]. 南京体育学院学报，2010（4）.

[53]杨铁黎，苏义民. 休闲体育产业概论[M]. 北京：高等教育出版社，2011.

[54]殷焕式，王振林. 项目管理——系统化方法[M]. 北京：机械工业出版社，2013.

[55]尹德涛. 休闲理论与实务[M]. 沈阳：辽宁科学技术出版社，2009.

[56]尤建新. 企业管理概论[M]. 北京：高等教育出版社，2006.

[57]俞诚士. 体育赞助攻略[M]. 石家庄：河北科技出版社，2007.

[58]袁运平，凌奕. 高尔夫球运动手册[M]. 北京：人民教育出版社，2001.

[59]张彩珍. 中国跳伞运动史[M]. 武汉：武汉出版社，1990.

[60]张国华. 社会体育活动方案设计与组织[M]. 北京：北京师范大学出版社，2010.

[61]张宏，陈华. 休闲体育管理[M]. 北京：中国人民大学出版社，2015.

[62]张如安. 中国围棋史[M]. 北京：团结出版社，1998.

[63]张如安. 中国象棋史[M]. 北京：团结出版社，1998.

[64]周苏，张丽娜等. 项目管理与应用[M]. 北京：高等教育出版社，2015.

[65]朱南铣. 中国象棋史丛考[M]. 北京：中华书局，1987.

[66]朱小明，张勇. 体育营销[M]. 北京：北京大学出版社，2006.